AF217700

Manfred Spitzer   Harald Lesch   Gunkl

GOTT, WO STECKST DU?

Manfred Spitzer Harald Lesch Gunkl

GOTT, WO STECKST DU?

mvg verlag

Bibliografische Information der Deutschen Nationalbibliothek
Die Deutsche Nationalbibliothek verzeichnet diese Publikation in der Deutschen Nationalbibliografie. Detaillierte bibliografische Daten sind im Internet über http://d-nb.de abrufbar.

Für Fragen und Anregungen
info@mvg-verlag.de

Originalausgabe
2. Auflage 2020
© 2019 by mvg Verlag, ein Imprint der Münchner Verlagsgruppe GmbH
Nymphenburger Straße 86
D-80636 München
Tel.: 089 651285-0
Fax: 089 652096

Dieser Titel erschien erstmals 2011 als Hörbuch im Galila Verlag unter dem Titel *Gott, wo steckst du?*

Redaktion: Sybille Beck
Umschlaggestaltung: Manuela Amode
Umschlagabbildung: shutterstock.com/John T Takai, iStock.com/Sapunkele
Layout: Röser Media, Karlsruhe
Satz: Röser Media, Karlsruhe
Druck: Livonia Print, Riga
Printed in Latvia

ISBN Print 978-3-7474-0110-1
ISBN E-Book (PDF) 978-3-96121-459-4
ISBN E-Book (EPUB, Mobi) 978-3-96121-460-0

Weitere Informationen zum Verlag finden Sie unter
www.mvg-verlag.de
Beachten Sie auch unsere weiteren Verlage unter www.m-vg.de

Liebe Leserin, lieber Leser,

ein Astrophysiker, ein Psychiater und ein Kabarettist sprechen über Gott. Was wie der Anfang eines Witzes klingt, ist die Ausgangslage dieses Buches. Harald Lesch, Manfred Spitzer und Günther »Gunkl« Paal unterhalten sich launig und unterhaltsam über das Wesen Gottes. Dabei treffen protestantische, katholisch geprägte und fundamentalagnostische Anschauungen aufeinander und werden gegeneinander abgewogen. Es gibt keinen Gewinner oder Verlierer, sondern interessante Einblicke in verschiedene Denkweisen. »Was ist Gott?« »Gibt es ihn wirklich?« Und wenn ja: »Wo ist er?« Das sind nur ein paar der Fragen auf die die drei Experten eine Antwort suchen. In Ihrem Gespräch ergibt ein Wort das andere, führt tiefer hinein in das Unfassbare, unterschiedlichste Standpunkte stoßen aufeinander auf der Suche nach der einen Wahrheit.

Diese eine Wahrheit werden Sie in diesem Buch nicht finden, dafür aber viele neue Perspektiven, die Ihnen helfen, das Mysterium »Gott« für sich selbst ein Stück weiter zu entschlüsseln.

Lehnen Sie sich zurück und lassen Sie sich mitnehmen auf eine Reise ins Universum: auf der Suche nach Gott.

GUNKL: Werte Leserschaft, wir stellen uns kurz vor: Mein Name ist Gunkl und ich bin Kabarettist aus Wien. Und ich bin, kann man sagen, Fundamentalagnostiker. Das ist mein Zugang zu der Frage »Gott, wo steckst du?«.

LESCH: Mein Name ist Harald Lesch, ich bin Professor für Theoretische Astrophysik und Naturphilosophie in München. Und ich bin Protestant.

SPITZER: Mein Name ist Manfred Spitzer und ich bin Professor für Psychiatrie und Gehirnforschung an der Uni Ulm. Und ich bin katholisch erzogen worden.

LESCH: Wir haben alles zusammen hier. Wahnsinn. Das Bermudadreieck.

GUNKL: Ich habe mich dann irgendwie davon entfernt. Denn wir haben zum Beispiel tatsächlich mit katholischen Familien sozialisiert. Eherunde hieß das.

Und da ist man dann mit dem Autobus am Sonntag irgendwo hingefahren und ist dann in irgendeine Kirche gegangen und hat sich dort Heiligenbilder angeschaut.

LESCH: Das ist der Unterschied, wir Protestanten sind gegangen. Ihr wurdet gefahren, wir sind gegangen.

GUNKL: Ja, na gut, aber bis man in Wien wirklich zu einer bemerkenswerten Heiligengarage kommt, die man nicht eh schon kennt … Und dann sind wir natürlich auch immer in irgendwelche Wirtshäuser gegangen, und dazwischen waren wir in Kirchen und hatten uns dort anzuhören , wann sie gebaut worden sind und so. Und das wurde alles sehr salbungsvoll vorgetragen. Und irgendwann hat mich der Gedanke beschlichen: Das wird dir hier alles so vorgetragen, als hätten wir recht, und alle anderen, die etwas anderes glauben, irren sich. Und da habe ich mir gedacht: Dass ich in dieser Religion auf die Welt gekommen bin, ist Zufall. Ich hätte genauso gut 80 Kilometer weiter östlich zur Welt kommen können, und dort wäre alles ganz anders. Oder 800 Kilometer, dann wäre es noch mal anders. Also, dass ich einer Religion zugehöre, ist logisch, weil man irgendwie einer zugehört, wenn man in Europa auf die Welt kommt. Nur dass ich jetzt gerade bei dieser bin, ist Zufall. Aber dass gerade die Religion, der ich zugehöre, die richtige ist, und alle anderen irren sich, unter dem Eindruck, dass alle anderen über sich genau dasselbe behaupten, macht die Sache mit der Religion für mich hochgradig fragwürdig. Denn ich habe zwei Systeme vor mir, die miteinander im Widerspruch stehen. Und jedes System nimmt für sich in Anspruch, recht zu haben, und das andere irrt sich. Da weiß ich, dass sich zumindest eines von den beiden irrt. Und je mehr Systeme das werden, desto geringer ist die Wahrscheinlichkeit, dass überhaupt eines davon recht hat.

LESCH: Also, ich finde das interessant, so wie du das erzählst. Ich bin evangelisch und in unserem Religionsunterricht oder Konfirmationsunterricht war die Frage, ob die anderen recht haben oder nicht recht haben, überhaupt kein Thema. Wir haben uns gar nicht abgegrenzt gegenüber katholischen Christen zum Beispiel.

Bei uns gab es ganz andere Themen. Selbst wenn wir zu einer Kirche gefahren sind, um sie zu besichtigen, was wir natürlich auch gemacht haben. Auch im Bus übrigens.

Es wird ja immer davon berichtet, dass, solange es noch keine Protestanten gab, in der Welt noch alles gut war. Da sind die Leute morgens um 9 Uhr aufgestanden und sind dann zur Messe gegangen. Und seit der Protestant da ist, wird morgens schon in der berühmten Herrgottsfrühe aufgestanden, also gegen sechs oder wann die Sonne eben aufgeht. Denn wir sind ja die Harten, also die Asketen, diese Pflichtprotestanten. Und in der Tat war es bei uns so, dass unser Religionsunterricht, den ich in der Schule hatte, aber auch der Konfirmationsunterricht, eine großartige Auseinandersetzung mit der Welt, in der wir gelebt haben, war. Also, ich bin Jahrgang 1960 und bin von 1966 bis 1978 in die Schule gegangen und hatte vor allen Dingen Konfirmationsunterricht 1973, 1974. Und unser Pfarrer, der war in dem Dorf, in dem ich gelebt habe, eine ganz wichtige Person für uns. Der hat uns teilweise erst mal was über die Welt erzählt. Dann natürlich viel Bibel und so weiter, aber diese Abgrenzung war gar kein Thema, es wurde nie negativ über Katholiken gesprochen. Oder dass die anderen nicht recht hätten und wir schon.

Beim protestantischen Unterricht ist von der Gnade Gottes die Rede. Immer und andauernd. Du kannst gar nichts tun, außer Gott zu vertrauen. Das ist praktisch das Zentrum. Das Zentrum des protestantischen Glaubensbekenntnisses ist der Satz »Fürchte dich nicht.« So würde ich im Übrigen auch das Neue Testament zusammenfassen. Da steht alles drin. Fürchte dich nicht, ja. Halte dich an Gott und fürchte dich nicht, dann wird das schon werden.

SPITZER: Ja, Stressreduktion, das ist sehr gut.

LESCH: Genau. Wunderbar. Manfred, du sagst es auf den Punkt, und es hat uns gutgetan.

SPITZER: Also ich muss sagen, ich hatte katholischen Religionsunterricht und da wurde auch nie gegen andere abgegrenzt. Das ist natürlich jetzt ein schmales Sample von gleich zwei. Da kann man wahrscheinlich nichts draus schließen. Aber ich muss jetzt auch noch was Privates hinzufügen. Mir sind auch Zweifel gekommen. Und zwar sind wir mit den Leuten aus der Kirche manchmal sogar auf einen Berg gegangen. Und einmal mit meiner Oma. Die war sehr religiös, und als wir dann runtergingen vom Berg, versuchte sie, mir zwei Mark zuzustecken. Das war für mich ein Vermögen. Damals bekam ich eine Mark monatlich Taschengeld. Aber da habe ich mir gedacht, das kann nicht sein, dass man dafür Geld bekommen sollte. Und ich hab sie nicht angenommen. Da bin ich heute noch stolz drauf. Also, in der ersten Klasse war mir klar: Das kann es nicht sein. Und in der dritten Klasse haben ja dann die Katholiken immer beim Pfarrer Religionsunterricht, weil dann nämlich auch die Anheuerung für die Erstkommunion passiert und so weiter. Da hat dann der Kaplan denen, die Messdiener werden wollten, immer Geld gegeben, und sie durften während des Religionsunterrichts Spielautos kaufen gehen. Und da muss ich auch ganz ehrlich sagen, da habe ich nicht mitgemacht, obwohl ich sicher ein guter Messdiener geworden wäre. Aber mich hat das so abgestoßen, dass es so was geben kann. Und dann kann ich noch eins draufsetzen. Irgendwann habe ich mal meinen Vater gefragt: »Sag mal, glaubst du eigentlich an irgendwas?« Und dann er hat meistens flapsig geantwortet. Aber da habe ich ihn mal erwischt, als er nicht flapsig geantwortet hat. Und da meinte er: »Weißt du, als ich jung war, da war ich im Krieg und hab mitbekommen, dass alle Seiten für den Endsieg gebetet haben und die Pfarrer auf beiden Seiten die Waffen gesegnet haben, und da war mir klar, da mache ich nicht mit.« Das hat mich schon geprägt. Und ich muss sagen, ich hatte nicht viele andere Erfahrungen. Ich hatte mal einen guten Religionslehrer, den hab ich in der Pause nach dem Unterricht auch mal gefragt, was er denn so meint. Und dann sagte er: »Na ja, stell dir vor, Manfred, du musst über einen Abgrund laufen und du hast nur einen schmalen Baumstamm über den Abgrund. Was, glaubst du, ist wohl ein guter Gedanke? Ist der Gedanke ›Och Mensch, ich muss jetzt da drüber und wahrscheinlich falle ich runter‹ besser, oder ist es besser, wenn du denkst: ›Ich laufe darüber und über mir ist was, das hält mich, und das ist gut.‹?«

LESCH: Wunderbar. Genau.

SPITZER: Also die Gedanken von Dietrich Bonhoeffer und so. »Manfred, was glaubst du wohl, wie du besser rüberkommst?« Das hat mich sehr beeindruckt. Hat sicherlich meinen Austritt aus der katholischen Kirche um einige Jahre hinausgezögert … Aber letztlich bin ich einfach auch jemand, der dann irgendwann gesagt hat: Das muss nicht sein. Es ist ja nicht so – deswegen sitzen wir doch alle hier –, dass uns das nicht beschäftigt. Man denkt darüber nach. Man denkt über sich nach, man denkt über die Welt nach, man denkt sogar über sich, Gott und die Welt nach, und das tun, glaube ich, die meisten Leute. Deswegen glaube ich auch, dass die meisten Leute religiös sind, selbst die, die sagen: »Ich bin in keiner Kirche«, oder selbst die, die sagen: »Ich bin nicht religiös.« Und vor allem die, die sagen: »Ich bin absolut nicht religiös.« Die sind dann schon wieder so fanatisch, dass man mit gewissem Recht sagt, dass sie dann einfach die Religion des Atheismus vertreten.

GUNKL: Das weiß ich nicht. Denn ich bin tatsächlich radikal nicht religiös.

SPITZER: Also, wenn du radikal nicht religiös bist, wie kannst du das sein? Das kannst du eigentlich gar nicht sein.

GUNKL: Radikal im Sinn von: von der Wurzel her.

SPITZER: Aber das kannst du doch gar nicht sein. Mit Kant ist es abgehakt: Man kann nicht beweisen, dass es Gott gibt. Man kann aber auch nicht beweisen, dass es ihn nicht gibt.

GUNKL: Also, ich setze mich einen Nachmittag hin und überlege mir Entitäten, die diese Eigenschaften mit Gott teilen, dass sie weder beweisbar noch wiederlegbar sind. Irgendwann komme ich auch auf das fliegende Spaghettimonster und was auch immer. Und bald habe ich so 300, 800 oder 2000 Dinge beieinander, denen ich die Ursache für das Universum oder was auch immer zuschreiben kann, immer vorausgesetzt, man kann über sie überhaupt nichts sagen, außer den Satz: »Es gibt es, weil ich daran glaube.« Dann kann ich also dieses halbe Promille Gott, das übrig bleibt, auch noch ausstreichen. Und die Idee grundsätzlich auf einen Sonderideen-Komposthaufen schmeißen und davon ausgehen, dass es keinen Gott gibt. Das ist sehr vernünftig. Denn jemanden zu erfinden, dem ich *on the fly* permanent irgendwelche Apologeten unterfüttern muss, um die Idee aufrechtzuerhalten, das ist sehr mühsam. Für mich. In einer Gruppe ist es was anderes. Gruppen funktionieren natürlich besser mit einem Gott. Ich glaube, die Welt ist mit Bordmitteln erklärbar. Mehr, als dass man es weiß, gibt es nicht zu wissen. Und Glaubenskonzepte unterliegen einem gewissen Ausleseprozess. Also, zum Beispiel die Beweisbarkeit eines Gottes ist etwas, was diesen Gott unmöglich macht. Wenn er wirklich beweisbar ist, fällt er aus, weil dann ist auch beweisbar, dass es ihn nicht gibt. Und diese Ideen halten sich in Gruppen. Und ich glaube nicht, dass irgendein Kaspar-Hauser-Kind auf sich allein gestellt im Wald mit allem Dopamin und einem großen Frontalhirn auf die Idee eines Gottes käme. Das alles natürlich auch noch vor dem Hintergrund, dass Götter regelmäßig mit denen aussterben, die sie anbeten. Teutates ist heute so wichtig wie Bandkeramik oder eine eigene Art zu weben. Das war einmal ein Göttervater. Mittlerweile ist das eine Kultur-technik, aber niemand nimmt Teutates ernst als Gott.

LESCH: Ja, das war aber auch nur ein Name. Im Grunde genommen ist aber die Idee nicht von diesem Planeten zu vertreiben. Egal, was auf dem Planeten passiert. Die schlimmsten Katastrophen, die tollsten Festivitäten, alles, was auch immer, wo auch immer du hinkommst. Natürlich kann man das so machen, wie du das machst. Du stellst eben fest: Es gibt eine Reihe von Begriffen oder Entitäten. Die können die Eigenschaft haben zu existieren, sie können aber auch die Eigenschaft haben, nicht zu existieren. Ich kann es nicht beweisen. Ich kann es aber auch nicht nicht beweisen. Und ganz egal, was für Namen sie gehabt haben oder haben werden in Zukunft. Heutzutage spricht man von Gott und damals hat man von Teutates gesprochen. Die Gallier haben sich nicht vorstellen können, in einer Teutates-losen Welt zu leben. Die Griechen nicht in einer Zeus-losen oder Hera-losen. Auf jeden Fall schlagen wir uns damit rum, dass wir existieren. Und zu den existenziellen Fragen, die Menschen bewegen, gehört die Frage nach Gott.

Es gab lange Zeit die Diskussion darüber, wie Naturwissenschaften und Gott miteinander auskommen könnten. Können Naturwissenschaftler an Gott glauben? Da wurde dann natürlich heftig diskutiert. Gott sei da, wo die Wissenschaft noch nicht ist. Und das war der Beginn des großen Rückzugs der Theologie. Denn jedes Mal, wenn man etwas mehr über die Zusammenhänge im Kosmos herausgefunden hatte, dann wurde Gott eben kleiner. Immer kleiner und noch kleiner. Und genau dieses Rückzugsgefecht hat dazu geführt, dass man heutzutage meint, die Naturwissenschaften könnten die ganze Welt erklären. Erklärung als Rückführung auf alle allgemeinsten Prinzipien. Und die Theologie und jedes Gespräch von Religion sei eigentlich hinfällig, sei überflüssig. Warum auch, wofür auch? Die Naturwissenschaften werden im Zweifel alles erklären können. Nun, heutzutage würde das bedeuten, dass Gott eine Ausdehnung von 10^{-35} Metern hat. Mit einer Zeitskala von 5 mal 10^{-44} Sekunden. Und einer Temperatur von 10^{32} Grad. Und einer Dichte von 10^{96} Kilogramm pro Kubikmeter. Ja, das kann man wirklich so genau sagen. Das war der Anfang des Universums. Das war der Anfang des Universums, wenn man glaubt, dass unsere Theorien, die wir heute haben, die etablierten Theorien – also Quantenmechanik und Relativitätstheorie – den Anfang des Universums adäquat beschreiben. Warum sollen die das tun? 1929 hat ein Amerikaner, nämlich Edwin Hubble, herausgefunden, dass die Galaxien, die am weitesten von uns entfernt sind, sich am schnellsten von uns entfernen. Wir müssen uns also Folgendes vorstellen: Wir haben einen Luftballon, da ist noch keine Luft drin, und es sind lauter Punkte gleichmäßig auf der Oberfläche des Luftballons verteilt. Nun blasen wir in den Luftballon hinein. Und dann werden wir sehen, dass die Punkte sich am schnellsten voneinander entfernen, die am weitesten voneinander entfernt sind. Und das bedeutet mit anderen Worten: Das Universum breitet sich aus. Das bedeutet aber im Rückgriff, dass das Universum gestern kleiner war. Und vorgestern war es noch kleiner und so weiter und irgendwann landen wir bei der Größe eines Atoms. Für Atome haben wir eine Theorie, und was für eine. Eine grandiose Theorie, eine übergrandiose Theorie. Nämlich die sogenannte Quantenphysik.

Ich nehme an, jeder hier besitzt einen CD-Spieler. Und in CD-Spielern, da ist ein Laser drin. Also Lichtverstärkung durch stimulierte Emission. Das ist besonders intensives Licht. Und dieses Gerät tastet die CD ab. Wir könnten also gar nicht CD hören ohne Quantenmechanik, denn der Laser ist ein quantenmechanisches Gerät. Also offenbar kann man mit Quantenmechanik sogar Technologien entwickeln. Technologien, die funktionieren. Selbst dann, wenn diese Theorie gar nicht richtig wäre, ist sie offenbar in der Lage, sich in Technik verwandeln zu lassen. Jetzt ist natürlich Erfolg noch kein Garant für Wahrheit. Nur, weil eine Theorie erfolgreich ist, heißt das noch lange nicht, dass sie auch richtig ist oder gar wahr. Über Wahrheit wissen wir ohnehin nichts zu sagen in den Naturwissenschaften, um Gottes willen. Wir können immer nur herausfinden, ob etwas nicht falsch ist. Aber wenn, dann gehört die Quantenmechanik sicherlich zu den Theorien, die man extrem genau vermessen kann. Theodor Hänsch, ein wunderbarer Kollege von mir, der dafür auch den Nobelpreis für Physik bekommen hat, misst inzwischen die Quantenmechanik auf 20 Stellen hinter dem Komma genau. Also, wenn es eine neue Theorie geben sollte, die besser ist als die Quantenmechanik, dann muss sie auf die 21. oder 22. Stelle hinter dem Komma genau sein. Wir sind also eigentlich ziemlich sicher, dass die Quantenmechanik nicht so falsch ist.

Nun, die Quantenmechanik ist also die Theorie von der Struktur der Materie. Und wenn wir das Universum nun gedanklich in den Anfangszustand hineinlaufen lassen, dann würde das bedeuten, dass natürlich am Anfang des Universums auch dieser Anfangszustand durch die Quantenmechanik beschrieben wird. Und das hätte Konsequenzen. Das bedeutet nämlich: Wir können das Universum sich gar nicht auf die Ausdehnung null zusammenziehen lassen. Sondern da gibt es eine Regel, die hat Werner Heisenberg Mitte der 1920er-Jahre in die Welt gebracht. Und die hat sich bis jetzt wunderbar bestätigt. Nämlich dass man einen Ort nicht mehr genau definieren kann. Da bleibt immer eine gewisse Unschärfe, Unbestimmtheit. Genauso für die Zeit. Auch die Zeit lässt sich nicht genau bestimmen. Nun kann man diese Quantenmechanik, also die Physik des Allerkleinsten, mit einer Theorie zusammenbringen, die mit dem Namen Albert Einstein verbunden ist. Die allgemeine Relativitätstheorie. Diese Theorie gibt etwas wieder von einer ganz eigenartigen Kraft. Die hält uns zum Beispiel hier auf diesem Planeten am Boden. Das ist die Gravitation. Die allgemeine Relativitätstheorie beschreibt die Auswirkung von schweren Massen. Das Universum ist ja das allergrößte, von dem wir überhaupt wissen. Und es wird sicherlich die größte Masse überhaupt sein. Gravitation muss also im Universum eine Rolle spielen. Wir wissen natürlich Bescheid. Die Planeten drehen sich um die Sonne. Die Sonne dreht sich um das Zentrum der Milchstraße. Die Milchstraße bewegt sich auf die Andromedagalaxie zu und so weiter und so weiter. Also, die Gravitation ist die Königin aller Kräfte, obwohl sie die Schwächste aller Kräfte ist. Sie ist 10^{36}-mal schwächer als die elektromagnetische Kraft. Ist wirklich so. Das merken wir, wenn wir vom Hochhaus runterfallen. Am Anfang fallen wir völlig frei, also immer in Richtung Erdmittelpunkt. Aber dann, wenn wir unten am Grund ankommen, also nicht am Grund der Erde, sondern an der Erdoberfläche, dann passiert irgendwas Komisches. Denn dann schlägt genau diese elektromagnetische Kraft zu und verweigert uns den weiteren Zutritt in das Erdinnere, also in Richtung Erdmittelpunkt. Diese Kraft ist 10^{36}-mal stärker als die Gravitation. Aber egal wie, die Gravitation gewinnt immer. Weil die Gravitation die einzige nicht abschirmbare Kraft ist. Die allgemeine Relativitätstheorie ist also genauso wie die Quantenmechanik eine außerordentlich erfolgreiche Theorie, die uns einen ziemlich guten Einblick darüber vermittelt hat, was Gravitation ist. Und bei der allgemeinen Relativitätstheorie gibt es genau wie bei der Quantenmechanik eine Informationsschranke, über die man nicht drüber kann. Bei der Quantenmechanik war das die Heisenberg'sche Unbestimmtheitsrelation. Und bei der allgemeinen Relativitätstheorie ist es der Schwarzschildradius. Dabei geht es um schwarze Löcher. Denn wenn ein Körper mit einer bestimmten Masse eine bestimmte Länge unterschreitet, dann kommt von ihm nichts mehr weg. Auch kein Licht. Und dann hat man ein schwarzes Loch. Wenn zum Beispiel die Erde auf eine Kugel zusammenschrumpfte, man beachte den Konjunktiv, von ungefähr neun Millimetern, dann würde sie zum schwarzen Loch werden. Die Sonne, 300 000-mal schwerer als die Erde, müsste auf drei Kilometer zusammenschrumpfen, dann würde sie zum schwarzen Loch. Sie ist aber heute 700 000 Kilometer groß. Wir müssen uns also keine Gedanken machen. Die wird auch nie zum schwarzen Loch. Also kurzum, diese Theorie gibt an, wenn in einem bestimmten Raumgebiet eine bestimmte Masse drin ist, dann kommt da nichts mehr raus. Das heißt, wir können den Anfang des Universums physikalisch sauber definieren, wenn wir die Quantenmechanik einerseits und die allgemeine Relativitätstheorie andererseits schön durchschütteln. Und dann kriegen wir genau das, was ich am Anfang sagte. Die kleinste kausal sinnvolle Länge im Universum ist 10^{-35} Meter. Nicht null Meter! Die kleinste kausal sinnvolle Zeiteinheit ist diese Länge dividiert durch die Lichtgeschwindigkeit. Also, 5 mal 10^{-44} Sekunden, und dann lässt sich natürlich ausrechnen, wie viel Energie da drinsteckt. Welche Temperatur hätte das Universum gehabt? Und deswegen wäre das, um wieder auf die alte Frage nach Gott und dem Himmel zurückzukommen, die kleinste kausal sinnvolle Einheit, die man dem Universum zubilligen kann, und Gott müsste kleiner sein.

Ich weiß, ich weiß. Also, das Universum hat einen bestimmten Anfang gehabt. Denn wenn das Universum früher kleiner war, dann muss es ja irgendwann mal angefangen haben. Irgendwann. Heutzutage kann man das ziemlich genau festlegen. Es muss vor ungefähr 13,7 Milliarden Jahren gewesen sein. Und dann denken wir sofort: »Was war davor?« Da können wir uns gar nicht dagegen wehren. Und da kann ich auch nur mit den Schultern zucken. Ich weiß es auch nicht, weiß es auch nicht, weiß es auch nicht. Das weiß niemand. Woher denn auch? Gerade wir Naturwissenschaftler sind ja extrem kausalsüchtig. Wir wollen wissen, was dahintersteckt. Und wir Astrophysiker sind noch viel schlimmer. Wir würden ja gerne sagen, was davor gewesen ist. Aber woher soll ich es denn wissen? Kausalität bedeutet nämlich den Zusammenhang von Ursache und Wirkung. Und da sind wir beim Universum genau bei dem Problem, wo man ja durchaus schon mal Gott als unbewegten Erstbeweger hinstellen kann. Denn wenn ich sage: »Vor 13,7 Milliarden Jahren hat das Universum begonnen.« Dann kann man fragen: »Ja, aber was war denn davor?« Und dann könnte ich ja sagen: »Ja davor, da war was ganz Tolles. »Und dann könnte man fragen: »Ja, was war denn vor dem ganz Tollen?« »Ja, was weniger Tolles.« Man kommt an kein Ende. Man ist hier an einem logischen Problem angelangt. Aristoteles hat es versucht zu lösen, indem er einen unbewegten Erstbeweger in die Welt gebracht hat. Für ihn war damals klar, dass der natürliche Zustand der Materie der Zustand der Ruhe sein muss. Er hat um sich herum Experimente gemacht. Hat zum Beispiel einen Ball von einer Rampe rollen lassen. Und was hat der Ball nach einer Weile gemacht? Er lag ruhig da. Und da hat er sich gesagt: Wenn das der normale Zustand ist, also der natürliche Zustand, dann muss es für jede Bewegung etwas geben, das diese Bewegung veranlasst. Also einen Beweger. Also etwas, das diesen Ball in Bewegung setzt oder die Planeten in Bewegung setzt oder die Sonne in Bewegung setzt. Da muss es aber auch für den Beweger einen Grund geben, etwas in Bewegung zu setzen. Also muss es einen Beweger des Bewegers geben. Möglicherweise gibt es sogar einen Beweger des Bewegers des Bewegers. Und so weiter. Es muss am Ende einen Beweger geben, der selbst aber nicht mehr bewegt worden ist. Der unbewegte Erstbeweger. Für Aristoteles war es ganz klar, das muss Gott sein. Das ist natürlich, sagen wir mal, für die Astrophysik sehr unerfreulich. Jetzt mal ganz ehrlich: Wir haben in unseren Gleichungen keinen Gottesterm. Ja. Wir verzichten komplett auf Gott. Es gibt in unseren Gleichungen keinen Gott. Gibt auch keine Wunder in unseren Gleichungen. Wir haben auch keinen Sinnesterm. Also, die Astrophysik ist eine sinnfreie Tätigkeit. Nicht sinnlos. Nur sinnfrei. Denn wir können keinen Sinn berechnen. Fragen wir nach dem Sinn, dann fragen wir nach etwas, was sich naturwissenschaftlich völlig jeder Untersuchung entzieht. Woher soll man das wissen? Wie soll man Sinn messen? Sinn ist etwas,

was weit darüber hinausgeht. Wenn wir Lebewesen gerade auf diesem Planeten nach dem Sinn in der Natur suchen, dann ist das eine nicht naturwissenschaftliche Frage. Wir Naturwissenschaftler können nur die Kulisse anbieten, vor der sich eine Sinnesdiskussion vollzieht. Wir können gar nicht sagen, was dahintersteckt. Wir können nur sagen, was davorsteht. Aber wir greifen immer wieder in das Transzendente, um das, was um uns herum ist, einigermaßen zu ordnen, zu deuten. Es ist nett, um es mal ganz vorsichtig auszudrücken, was wir alles messen können. Aber das, was unser Leben ausmacht, sind nicht die Messwerte. Sondern das sind ganz andere Begriffe. Es ist das, was man meint, wenn man im Allgemeinen von Werten spricht. Auch da hat die Naturwissenschaft inzwischen ja auch einen ganz wunderbaren Weg gefunden, indem sie alles evolutionär erklärt. Nur: Ist damit was erklärt, wenn man sagt, es hat sich eben gebildet?

Es gibt heute Theologen, die sagen: »Gott hat die Welt so gemacht, dass sie sich selber macht.« Dann ist man bei der vollen, bei der kontinuierlichen Schöpfung. Und dann wird der Naturalist sagen: »Na, dann ist es ja wurscht.« Denn dann ist es auf jeden Fall kein Gott mehr, wie er im Neuen Testament auftaucht. Also jemand, der was mit dem Heil zu tun hat und damit, dass es wieder gut wird. Sondern der hat ja die Sache nur einmal angeschoben. Das ist natürlich eine Riesenauseinandersetzung.

Auf der anderen Seite haben wir heutzutage eine Autoritätsverschiebung hin zu den Naturwissenschaften. Und zwar eine schon fast, ja, religiöse Haltung gegenüber den Naturwissenschaften.

GUNKL: Ja, das ist, weil in unserer Kultur eben Glauben ein sehr zentraler Aspekt ist im Herangehen an die Welt. Und wenn jemand Antworten anbietet, dann wird dem nachgeglaubt, anstatt dass man sagt: »Aha. Gut, dann weiß ich das jetzt und es ist in Ordnung.«

SPITZER: Ja, weil unsere Kultur auch darauf baut, dass einer allein das gar nicht mehr alles wissen kann. Wir müssen unglaublich viel vertrauen und gutgläubig annehmen. Deswegen, wie du richtig sagst, ist es ein integraler Bestandteil unserer Kultur zu glauben, was uns andere sagen, und das auch für wahr zu halten. Und je komplexer unsere Kultur wird, desto integraler wird dieser Bestandteil. Man kann sagen, Kant wusste noch so halbwegs Bescheid über Natur- und Geisteswissenschaften. Ja, aber heute kann das kein Mensch. Wenn man eine Pille schluckt, ein Auto besteigt oder gar ein Flugzeug, muss man sich darauf verlassen, dass andere sich darum gekümmert haben, dass das funktioniert. Sonst ist man tot. Und wir verlassen uns täglich darauf. Damit unterschreiben wir natürlich auch täglich ganz vieles. Wer zum Beispiel sagt: »Also, ich lehne Wissenschaft ab«, der kann eigentlich heute gar nicht leben. Denn er hat sie immer schon angenommen, wenn er morgens aufwacht und wenn er in die Bahn steigt und wenn er in ein Flugzeug steigt. Der hat immer schon unterschrieben.

LESCH: Lichtschalter anmachen. Klar.

GUNKL: Oder ein Hemd anziehen. Die Knöpfe sind elektrisch, also unter Zielvornahme von elektrischen Motoren, hergestellt worden.

SPITZER: Es geht gar nicht anders. Deswegen finde ich es manchmal verlogen bei Menschen, die so tun, als sei die Wissenschaft nur irgendwie so Ingenieurkleinkram. Und in der Welt ist eigentlich was anderes wichtig. Ich glaube schon, dass die Wissenschaft heute einen ganz wichtigen Bestandteil unserer Kultur darstellt. Und zwar viel mehr, als sich die meisten Kulturschaffenden klarmachen. Und dass eben aber zur Wissenschaft, und das machen sich die wenigsten Naturwissenschaftler klar, der Glaube gehört. Denn wenn ich den nicht hätte, an diese ganze Sache, dann würde ich ja total ängstlich und verunsichert durch die Welt gehen. Ich könnte überhaupt nicht mehr durch die Welt gehen. Deswegen unterhalten wir uns vielleicht auch hier. Weil einerseits uns Wissenschaftlern die Bedeutung der Wissenschaft in der Kultur klar ist, uns aber andererseits auch klar ist, dass auch der Wissenschaftler ohne den Glauben nicht leben kann. Der kann gar nicht. Und zwar nicht den Glauben an Gott, sondern den Glauben an, ich sage mal jetzt, die anderen, die es schon richtig machen werden. Also hier haben wir die ursprünglich gemeinschaftsstiftende Funktion dessen, was wir Glauben nennen. Ohne die kommen wir nicht aus. Das wirst du als Atheist sicher auch zugeben.

GUNKL: Aber man sollte unterscheiden zwischen einer berechtigten Annahme und einem religiösen Glauben.

SPITZER: Ja, aber jetzt kommt der Hirnforscher, und der sagt:»Das sind die gleichen Systeme im Kopf.« Und ich meine, die, ich sage mal, radikalsten Protestanten, die würden ja sogar so was sagen wie:»Na ja, Gott, der ist vielleicht in meinem Bauch oder in meinem Hirn oder ist als regulative Idee ganz brauchbar. Oder es ist auf jeden Fall so eine Funktion, die was mit Vertrauensbildung, auch mit einer Art beruhigenden Emotionalität, mit Stress und Angstvollheit zu tun hat. Und das nenne ich jetzt halt mal Gott, weil mir grad kein anderes Wort dafür einfällt.« Und auf so eine Position kannst doch sogar du dich auch einlassen, oder?

GUNKL: All das lässt sich zusammentrichtern mit der gesamten Vorrede: »Und deshalb glaube ich an Gott.«

SPITZER: Ja, und ich würde kurz vorher anhalten.

GUNKL: Kein gläubiger Mensch würde sagen: »Und deshalb nehme ich an, dass es ihn gibt.« Damit bist du aus dem Kreis der Gläubigen ausgeschlossen. Mit diesem Satz: »Ich nehme an.« Oder: »Ich gehe davon aus.« Wenn du das im Kreise der Gläubigen sagst mit diesem Wortlaut … Nicht: »Ich glaube, dass es ...« Sondern: »Ich nehme an. Ich gehe davon aus. Ich kann das nicht ausschließen. Deswegen sage ich einmal: Ja, wahrscheinlich gibt es ihn.« Geht nicht.
Ein gläubiger Mensch wird nicht sagen: »Ja, natürlich kann es Gott auch nicht geben.« Also, die Möglichkeit, dass er sich irrt, schließt er aus.

SPITZER: Ich bin mir nicht sicher, wo doch der Zweifel zum Glauben immer dazugehört. Sagen alle Großen, die darüber geschrieben und nachgedacht haben. Die sagen genau das Gegenteil von dem, was du gerade gesagt hast. Die würden sagen: »Nein. Das gehört dazu. Ich bin mir nie so ganz sicher, aber das gehört auch dazu. Zu meinem Glauben gehört der Zweifel eben auch noch.«

GUNKL: Also, das halte ich alles für kokett. Für eine Pflichtübung.

SPITZER: Warum weißt du das so genau? Vielleicht meinen die es ja wirklich ernst.

GUNKL: Dass sie tatsächlich die Möglichkeit in Betracht ziehen, dass es Gott nicht gibt?

SPITZER: Sonst gäbe es doch diese vielen Traktate genau darüber nicht. Und die gibt es.

GUNKL: Aber die kommen ja alle zu dem Schluss, dass es ihn gibt. Die umkreisen den Zweifel, um ihn zu eliminieren.

LESCH: Das ist aber schon ein ziemliches Wegradieren eines erheblichen Teils der theologischen Literatur. Warum sollen die nicht zweifeln dürfen? Warum sollen die sich nicht wirklich hart, sehr hart, mit dem Zweifel auseinandersetzen? Also, ich verstehe gar nicht, warum das ein Problem sein soll für einen gläubigen Menschen zu zweifeln, bis der Arzt kommt. Im Gegenteil, für mich ist das ein ganz wesentlicher Baustein der Auseinandersetzung mit etwas, dessen Eigenschaften nur schwer zu benennen sind. Für den Gläubigen ist es der große Abgrund, über den er drüber muss. Vielleicht ist das, woran ich glaube, überhaupt nicht existent. Merkwürdigerweise besteht dieser gleiche Abgrund aber auch für den, der nicht glaubt. Wenn er es ernst nimmt, dann muss er diesen Zweifel zulassen. Und zwar mit voller Granatenhärte, so wie der Gläubige ihn zulassen muss. Und es gibt tatsächlich großartige Bücher darüber, die sich intensiv mit genau der Frage beschäftigen, inwiefern der Glaube an

Gott eine grundmenschliche Eigenschaft ist, weil der Glaube automatisch den Zweifel mit hervorlockt. Also, der Stachel des Zweifels ist praktisch instantan in der Blüte des Glaubens mittendrin. Du kannst dich daran stechen, aber du kannst dich auch an dem Glauben erfreuen. Je nachdem, zu welcher Seite man neigt. Man könnte auch von der Blüte des Zweifels sprechen, in der der Stachel des Glaubens drin ist. Was ich aber noch mal sagen wollte: Bei dem, wovon wir sprechen, scheint mir ein Moment noch nicht angesprochen worden zu sein. Und das fand ich vorhin so schön, als wir unsere einzelnen Standpunkte formuliert haben. Das sind drei private Positionen. Man kann über Gott oder seine Haltung zur Religion gar nicht so objektiv reden. Denn wir sind die Summe unserer Erfahrungen. Da kommen wir gar nicht drum rum. Und ich will jetzt nicht diesen blöden Satz »Wir sind mehr als die Summe unserer Teile« sagen. Das ist ja alles Quatsch mit Soße, aber wir sind die Summe unserer Erfahrungen. Die sind in uns drin. Das heißt, wir haben Geschichten. Wir haben Gerüche, was weiß ich, Geräusche im Kopf, wenn wir davon reden: »Mensch, der Pfarrer damals …«. Oder wie das damals so gewesen ist. Da spielt sich in uns ja was ab. Und wir drei versuchen jetzt hier schon eine ganze Weile, in dieses subjektive Geflecht eine objektive Frage reinzusetzen. Nämlich die Frage: »Gibt es eine objektive Position, wo Gott steckt in dieser Welt?« Und daran sieht man: Das ist nicht wirklich besprechbar. Wir werden alle diesen Weg zu dieser Frage auf eine ganz unterschiedliche Art und Weise gegangen sein. Wir kommen aus einer bestimmten Erfahrungswelt und sitzen jetzt hier und reden über Gott. Und da werden uns alle möglichen Gedanken durch den Kopf gehen. Und am Ende muss man sagen, dass wir diesen Bruch, der zwischen Subjekt und Objekt und der objektiven Frage und der subjektiven Position besteht, nur durch eine einzige Brücke tatsächlich überschreiten können. Und das ist die Brücke des Zweifels. Der Zweifel ist das Einzige, was uns alle intensivst miteinander verbindet. Ich glaube, wenn es Gott gibt, wird er niemanden mehr lieben als die fundamentalistischsten Atheisten, denn die haben sich am meisten Gedanken über Gott gemacht. Dumpfes, blindes Vor-sich-hin-Glauben, das ist doch eigentlich langweilig, aber jemand, der sich intensiv mit der Frage beschäftigt und am Ende seiner Gedanken zu dem Ergebnis kommt: »Nein, Gott kann nicht existieren«, das ist doch interessant. Es gibt nur ganz wenige, die sich so intensiv mit dem Thema beschäftigen, wie diejenigen, die dezidierte Argumente angeben, warum es Gott nicht geben kann. Die nicht nur sagen: »Also, für mich gibt es Gott nicht«, und ihn damit wegwischen. Das finde ich enorm. Also, ich würde immer für den Zweifel plädieren. Der Zweifel ist für mich mein größter Freund und mein größter Feind. Himmel noch einmal. Ich wäre so gerne sicher. Aber es funktioniert nicht. In dieser Welt ist das nicht möglich.

GUNKL: Manchmal muss eine hinreichende Summe von Hinweisen und Möglichkeiten und Unmöglichkeiten einfach gut genug sein. Also für mich zumindest. Und ich denke, das ist auch nicht schlecht. Denn das Absolute gibt es in diesem Universum eh nicht.

LESCH: Es sei denn, wir haben es nur noch nicht gefunden. Das kann ja sein. Wir haben ja noch nicht genügend danach gesucht.

GUNKL: Ja also, wenn man dem Herrn Heisenberg glauben darf mit seiner Unschärferelation ...

LESCH: Zitiere nicht Heisenberg. Dann musst du solche Sätze zitieren wie: »Zu wenig Wissenschaft führt von Gott weg. Zu viel Wissenschaft führt hin zu Gott.« Mit Heisenberg hast du genau einen solchen Protagonisten in die Runde geworfen, über den ich sagen würde: »Das ist jemand, der durch seine Tätigkeit als theoretischer Physiker, der sich mit den Tiefen der Struktur oder Materie beschäftigt hat, tief religiös wurde. Wenn er es nicht schon war.« Wumm! Planck genauso übrigens. Einstein, puh. Da muss man schon aufpassen. Also, wenn du dir schon Verbündete suchst, meine ich ...

GUNKL: Nein, einfach nur die Unschärferelation: dass, je genauer man einmal hinschaut, umso unschärfer wird es. Vor diesem Hintergrund ist die Idee eines Absoluten einfach ...

LESCH: Ja, aber irgendetwas muss ja da unten sein. Das Irre ist ja: Selbst unter der Planck-Skala muss es ein Rauschen geben, damit sie sich so verhalten kann, wie sie sich verhält. Es muss irgendetwas geben da drunter. Ansonsten wären die Eigenschaften ab der Planck-Skala auch nicht verständlich und selbst darüber wird inzwischen schon nachgedacht: »Wie kann ich etwas finden, wovon ich genau weiß, ich werde es nie finden können, aber ich muss annehmen, dass es da ist, weil sonst alles andere, was oberhalb dieser Ebene ist, sich sonst gar nicht verstehen lässt?« Selbst die Kausalität geht dann über sich hinaus und fragt nach Akausalem, weil sie sagt: »Es muss irgendwas da sein.« Sonst weiß ich es auch nicht. Es gibt dazu inzwischen Arbeiten, in denen ausgerechnet wird, wie die statistischen Eigenschaften des Quantenrauschens sein müssen, und zwar auf einer Skala unterhalb der Planck-Länge. Also jetzt noch einmal zum Mitschreiben: 10^{-35} Meter ist die kleinste kausal sinnvolle Längeneinheit im Universum. Das wäre gewissermaßen der Anfang des Universums. Den rechnet man aus, indem man die allgemeine Relativitätstheorie mit der Quantenmechanik mischt, und dann kriegt man so was wie eine Quantengravitation für Fußgänger. Und dann kommt diese kleinste kausale Länge heraus. Und dann kann man sich natürlich fragen: Wenn tatsächlich Raum und Zeit fluktuieren auf diesen Längenskalen und auf den Zeitskalen, von 5 mal 10^{-44} Sekunden (ich sag das jetzt nur mal so, das muss man sich ja nicht merken), wenn das also das Rauschen von Raum und Zeit ist, dann müssen wir natürlich annehmen, dass unter dieser Planck-Welt noch irgendwas existiert, das nur noch weißes Rauschen ist. Sonst nichts. Es rauscht. Das heißt, man kann nichts mehr voneinander unterscheiden. Aber das muss es geben. Ja, dann denkt man doch: »Okay, Leute, ich geh jetzt mal irgendwohin. Ich gehe was trinken. Sollen die sich über das weiße Rauschen Gedanken machen. Ich hole mir irgendwie ein Helles, ein Weißes oder was auch immer.« Das ist doch Wahnsinn. Und wir mit unserem Überangebot. Nee, wie heißt das, wenn das ...

GUNKL: Bedeutungsüberschuss.

LESCH: Dieser Bedeutungsüberschuss macht es für uns möglich, das Universum auf den allergrößten

Größenskalen zu betrachten und zugleich noch das allerkleinste Kleinste, über das hinaus nichts mehr gedacht werden kann. Wenn das unser Bedeutungsüberschuss ist in unserem Gehirn, dann, puh, dann weiß ich aber auch nicht mehr.

GUNKL: Ja, aber wenn wir das alles herausgefunden haben und Gott bislang noch nicht nachgewiesen haben und wenn er sich in jeder auch nur absurdestmöglichen denkbaren Möglichkeit von Zugriff oder Beobachtungen sieht, dann ist es ...

LESCH: Also, das tut er ja nicht. Es gibt viele Leute, die haben eine religiöse Erfahrung. Und viele unserer heiligen Bücher sind nichts anderes als eine Aneinanderreihung der Erzählungen darüber, wie Menschen Gott erfahren haben.

GUNKL: Jetzt ist der Hirnforscher gefragt.

LESCH: Ja, und dann wird der Hirnforscher sagen: »Das ist eben das dopaminberegnete Frontalhirn.« Oder was?

SPITZER: Na ja. Ich überlege die ganze Zeit schon, wie die Argumentation weitergeht, aber mir ist es jetzt zu schwach zu sagen, ja, der Hirnforscher sagt dann: »Es ist irgendwo im Kopf.« Denn es ist ja viel komplizierter. Also, es gibt einerseits die Möglichkeit zur Simulation, zum Nachdenken, was wohl in der Zukunft passiert. Und die findet im Frontalhirn statt. Das bedient sich all dessen, was wir schon wissen. Also unserer Lebenserfahrung, die wir schon haben. Was wir heute wissen, ist, dass, ob ich mir jetzt meinen Geburtstag von vor einem Jahr in Erinnerung rufe oder meinen Geburtstag in einem Jahr plane ... das ist fast genau das Gleiche im Hirn. Also, die Erinnerung an die Vergangenheit und die Planung der Zukunft. Bei der Zukunftsplanung kommt noch ein bisschen mehr frontale Aktivität dazu, weil da muss ich eben selber konstruieren und nicht nur wegkonstruieren. Aber ansonsten ist das Hirn genauso aktiv beim Erinnern wie beim Zukunftsplanen. Diese frontale Aktivität braucht ein bisschen dopaminerge Begegnung. Dopamin ist ein Botenstoff, der im Gehirn einfach vorkommt und im Gegensatz zu anderen Botenstoffen nicht ein Neuron mit einem anderen verbindet, die sich dann miteinander unterhalten und Informationen austauschen, sondern das Dopamin, das muss man sich so vorstellen, das regnet eher so von oben über ganz viele Milliarden von Neuronen und macht, dass sie ein bisschen besser oder ein bisschen weniger arbeiten. Und wenn man sich das klarmacht, dann liegt natürlich diese menschliche Fähigkeit zum Generieren von Simulationen und dann überlegen: »Mensch, so könnte es doch sein«, dem religiösen Glauben sicherlich auch zugrunde. Zumal wir wissen, dass ein Gen, das für die Produktion von Dopamin zuständig ist, mit Religiosität korreliert. Das aber ist nicht alles. Bei Epileptikern kann man während eines Anfalls in einem ganz bestimmten Gehirnteil, nämlich dem Temporallappen, der in der Nähe der Ohrmuschel sitzt, religiöse Erfahrungen messen.

Man kann die Leute auch den Psalm 22 beten lassen, mit und ohne Inbrunst, und dann kann man schauen, wo im Gehirn die Inbrunst steckt, wenn man die Gehirnaktivitäten miteinander vergleicht. Auch das wurde alles schon gemacht. Und dann findet man wieder etwas anderes, wenn man das Beten untersucht. Da findet man interessanterweise nicht Zentren, wo Emotionen verhandelt werden. Wenn wir drei uns hier über unsere eigene Religion unterhalten, dann sind wir auch emotional ziemlich dabei. Deshalb hat man eigentlich immer gedacht, Beten ist was ganz Emotionales. Es kommt aber raus, dass Beten vor allem die Sprachzentren aktiviert. Und nicht die Emotionszentren, ich bin also relativ emotionslos beim Beten. Auch wenn das subjektiv von vielen Leuten anders erlebt wird. Jetzt bekommen wir also, wenn wir fragen: »Wo im Kopf sind wir denn religiös?«, nicht die Antwort: »Da und da«, sondern: »Was meinst du mit Religiosität? Meinst du Beten? Meinst du, so eine Bedeutung zu spüren?« Dann hat es vielleicht mit Dopamin im Frontalhirn was zu tun. Oder: »Meinst du, sich Gedanken über die Zukunft zu machen?« Dann auch. Und wo findet im Hirn so etwas statt wie die Überlegung, wie viele Engel auf eine Stecknadelspitze passen oder wie es überhaupt sein kann, dass alle Menschen, die in den Himmel fahren, auf der Wolke noch Platz haben? Denn wenn die leibhaftig da hochfahren, da geht ja der Platz aus. Andererseits müssen sie leibhaftig hochfahren, weil sie sonst nicht mehr einzeln da oben sind, denn das Kriterium von Einzelheit kann nur Raum sein. Das haben analytische Philosophen wie Peter Strawson schön nachgewiesen. Mit anderen Worten: Die Leute, die dann so ganz genau nachdenken, sind wieder ganz andere. Denn die sind so ein bisschen zwänglich und ein bisschen ganz genau. Und die sind eher moduliert durch den Neuromodulator Serotonin, der auch über viele Hirnbereiche drüberregnet, und von dem haben die zu wenig. Jetzt sind wir also bei einer ganzen Reihe von Phänomenen, die mit Religiosität im Hirn was zu tun haben. Aber wenn man mich eben fragt: »Wo steckt die im Hirn?«, dann sage ich: »Darauf gibt es keine einfache Antwort.« Genauso, wie der Astrophysiker auf die Frage »In welchem Gestirn steckt Gott denn?« sagen würde, dass man eben auch daneben ist, wenn man glaubt, dass man ihn bei den Plejaden oder eben nicht bei den Plejaden findet. Aber dass man mittels der Hirnforschung über Religiosität nachdenken kann und sich dann noch Gedanken darüber machen kann wie »Was soll das?« und »Warum gibt es das überhaupt?« und »Macht das Sinn?«, das glaube ich auf jeden Fall. Und dass man dadurch zum Beispiel zu dem Schluss kommt, dass das zu uns Menschen eben dazugehört. Dann ist die Frage: »Wie konnte es entstehen?«, und dann, wie du schon richtig gesagt hast, kommt die Gruppenkohäsion, das Gemeinschaftsgefühl. Ich glaube schon, dass auch ein Kaspar Hauser darauf kommen könnte. Der hätte aber nichts davon. Aber wenn eine Gemeinschaft da ist und einer kommt auf so was wie Religiosität und auf den Gedanken Gott, einer, der uns liebt und der uns aber auch beobachtet, dann wird sich dieser Gedanke fortpflanzen wie ein Buschfeuer. Warum? Weil es denen, die dann daran glauben, besser geht . Die haben weniger Stress. Sie verhalten sich moralisch konformer, dadurch geht es der ganzen Gruppe besser und dem einzelnen Mitglied in der Gruppe geht es auch besser. Und wenn die sich mit einer anderen Gruppe anlegen, haben die bessere Karten, und deswegen besteht heute fast die gesamte Weltbevölkerung nur noch aus religiösen Menschen. Das kann gar nicht anders sein.

LESCH: Martin Buber hätte gesagt: »Jedes Ich braucht ein Du.« Also selbst wenn du alleine bist mit dir. Du wirst spätestens dann anfangen, mit Gott zu reden, wenn du irgendjemanden brauchst, mit dem du dich unterhalten kannst.

SPITZER: Und wir sind ja immer schon in der Gemeinschaft drin. Den Einzelnen gibt es ja nur als Abstraktion.

GUNKL: Es gibt übrigens einen Eingeborenenstamm, ich glaube in Brasilien, die sind areligiös. Die sind nicht atheistisch, die streiten nicht Gott ab, sondern das ist denen original nie eingefallen, so was zu konstruieren. Und da gibt es eine lustige Geschichte, die ist eigentlich ganz tragisch. Ein amerikanischer Philologe, glaube ich, war das, ein gläubiger Mensch, ist zu ihnen hingefahren, um sie zu missionieren. Und nach zwei oder drei Jahren ist er vom Glauben abgefallen, und zwar wie der überreife Apfel. Weg. Und seine Frau ist gläubig geblieben und da haben sie sich dann konsequenterweise auch getrennt. Und dieser Stamm, das ist eine Gesellschaft, die existiert ohne Religion. Und nicht in Opposition zur Religion, sondern einfach ohne. Die haben das nicht, so wie wir hier kein Baseball haben.

SPITZER: Ja, aber das ist doch eine wunderbare Anekdote, die zeigt, was für ein unglaublich soziales Phänomen Religiosität ist. Eben auch umgekehrt. Also, wenn alle anderen das nicht sind, dann färbt es eben auch ab. Es färbt eben auf jeden Fall ab. Also Religiosität färbt ab.

GUNKL: Die hatten nie Kontakt, die haben auch eine ganz eigene Sprache.

SPITZER: Ja klar, die haben das halt nicht. Und er hatte es als Einzelner, und da hat eben dann das Nichthaben der anderen genügt, dass er es auch nicht mehr hatte. Der umgekehrte Fall ist der Psychiater John E. Mack, der war in Harvard und hat sich lange Zeit mit den Menschen beschäftigt, die behaupten, sie seien von UFOs entführt worden. Und das sind Tausende in Amerika. Und mit denen war er lange als Psychiater zugange. Und irgendwann hat er ein Buch über das Thema geschrieben und gesagt: »Passt mal auf Leute, da gibt es Menschen, die haben das und das, und die erzählen euch das und das. Und wisst Ihr was? Die haben recht.« In Harvard war es dann ganz schwierig, weil die ihn rauswerfen wollten. Aber er hatte so viele Unterstützer und die schrieben Tausende von Briefen: »Wir haben eine Wissenschaftsfreiheit, den könnt ihr nicht rauswerfen, nur, weil er so was behauptet. Vielleicht hat er ja wirklich recht.« Und dann durfte er bleiben. Ich weiß nicht, was aus ihm geworden ist, aber er war immer noch lange Psychiater, weil schlicht und ergreifend auch das passiert. Es ist eben auch ansteckend. Es ist in beide Richtungen ansteckend. Und deswegen glaube ich, dass man auf jeden Fall sagen kann: Es hat was ganz viel mit Gemeinschaft zu tun. Menschen können ja gar nicht alleine existieren, das ist ja wie mit den Ameisen. Eine einzelne Ameise kann nicht existieren. Ein Mensch alleine kann es auch nicht. Und deswegen haben wir auch so was, wir müssen so eine Art Urvertrauen haben. So eine Urgemeinschaft. Ich kann noch so ein knallharter Naturwissenschaftler sein, ich kann nicht die ganze Welt kapieren, denn die ist viel zu kompliziert. Und da gibt es viel zu viel zu kapieren. Und deswegen muss ich mich in heftigster Weise auf etwas anderes verlassen. Und je mehr Internet und sonst was wir kriegen werden, desto schlimmer wird das werden. Deswegen wird Religiosität durch das Internet auch nicht vertrieben werden, sondern es wird zunehmen. Das wird mit Sicherheit zunehmen.

LESCH: Ja.

SPITZER: Denn wir müssen umso mehr glauben, umso mehr vertrauen, wenn alle meine Daten in der Wolke sind. Da muss ich an die glauben. Dann glaube ich nicht mehr an Gott, sondern an die Wolke. Aber von der hänge ich ab. Wenn all meine Daten nicht mehr bei mir zu Hause im Schreibtisch oder auf der Festplatte, sondern in der Wolke sind, muss ich die irgendwann anbeten.

LESCH: Wie die Engel auf eine Nadel kommen, wenn ganze Bibliotheken auf solche kleinen Sticks draufkommen, man stelle sich das mal vor. Wenn man dem

Bibliothekar Malachias von Hildesheim aus Ecos *Der Name der Rose* gesagt hätte: »Pass mal auf, alle deine Bücher sind hier auf diesem kleinen Stäbchen. Da sind 64 Gigabyte drauf und alle Bücher, die du überhaupt jemals gesehen hast, passen da rein.« Der hätte gefragt: »Bist du bekloppt, oder was?«

GUNKL: Ich hab auch noch eine lustige Geschichte. Eine Freundin und Kollegin von mir, die Uta Köbernick, ist in der DDR aufgewachsen. Und die hat mir erzählt, zu einem Begräbnis von einer Tante ist Verwandtschaft aus dem Westen gekommen und die waren natürlich religiös und gläubig und die in der DDR eben nicht. Und dann hat Uta sich mit einer gleichaltrigen Cousine unterhalten. Und die Cousine hat eben gesagt, dass sie an Gott glaubt, und das war unter den DDR-Mädchen so, wie wenn bei uns ein Erwachsener sagt: »Ja, ich glaube an den Osterhasen.« Das war so bemitleidenswert, dass jemand das jetzt wirklich glaubt. Wenn bei uns jemand mit dem Osterhasen kommt, hat er auch den Status, ja, wo man fragt: »Sagen wir's ihm jetzt?« Aber gut.

SPITZER: Und da kenne ich eine Anekdote von einer Amerikanerin, die ihrer Nachbarin gesagt hat, dass ihre Kinder beide nicht getauft sind, und die Nachbarin sagt: »What? This is like not having a major credit card.« In religiösen amerikanischen Kreisen ist es unumgänglich, an Gott zu glauben, denn wenn man das nicht tut, ist das Risiko, dass man falschliegt, noch so viel größer. Und deswegen ist an Gott glauben wie eine Kreditkarte haben. Das gehört einfach zum Leben dazu.

GUNKL: Na gut, aber da verlange ich als Agnostiker natürlich schon ein bisschen Ernsthaftigkeit. Und nur aus Opportunismus zu glauben, halte ich für viel schändlicher, als eben nicht zu glauben.

SPITZER: Aber wenn man als Opportunist nicht glaubt, weil man sagt, dass der, der an Gott glaubt, genauso gut an den Osterhasen glauben könnte. Das ist doch genau das Gleiche, oder?

LESCH: Darf ich eine Randbemerkung zu der Anekdote aus der DDR machen? Es ist natürlich in dem Zusammenhang schon bemerkenswert, finde ich, dass große Teile der Bürgerbewegung in der DDR in protestantischen Kirchengemeinden angefangen haben. Und sonst nirgendwo. Das waren Zentren, in denen sich Menschen zum gemeinsamen Gottesdienst getroffen haben, da wurden auch mal Kerzen angesteckt, als Symbole. Und wir reden die ganze Zeit über Gott durchaus als sprachliches Symbol für was auch immer, welche Funktion er auch immer hat. Aber dass diese Frau, als sie gesagt hat: »Ich glaube an Gott«, von den anderen angeguckt worden ist, als wenn sie sagen würde, sie glaubt an den Osterhasen, das wundert mich. Die müssen sich doch spätestens seit den Ereignissen 1989 wenigstens für einen winzigen Moment noch mal daran erinnert haben, dass wir tatsächlich nicht, wenn ich das Wort aus der Bibel mal verwenden darf, »nicht vom Brot allein leben«. Es ist nicht nur das Dingliche, was uns zum Menschen macht, was uns auch zum Beispiel in die Lage versetzt, ein System auseinanderzunehmen, das vor Stabilität – jedenfalls auf den ersten Blick – nur so gestrotzt hat. Das wäre ohne die Kirchen, sowohl in der damaligen DDR wie auch in Polen und so weiter, gar nicht möglich gewesen.

SPITZER: Ich würde sagen, es ist nicht möglich ohne Leute, die simulieren, und die aufgrund ihrer Simulation ihr Verhalten ändern. Und eben Kontrafaktisches annehmen. Und dann das Kontrafaktische in das Faktische umwandeln, aber es musste erst mal gedacht werden. Und als es gedacht wurde, war es noch kontrafaktisch. Und das muss man erst mal hinkriegen. Und allein durch, ich sage mal, Zweckrationalität, geht das ja gar nicht. Ich brauche ja den Überschuss. Ich brauche ja sozusagen den Entschluss: »Hey, denken wir doch mal was ganz Verrücktes.« Und das muss mich dann leiten. Und weil das funktioniert, genau deswegen haben wir diese Ereignisse gehabt. Ich gebe dem Harald schon recht. Und das hat sich auf jeden Fall massiv ausgewirkt und wirkt sich dauernd ganz massiv aus.

GUNKL: Ja, aber, dass das eine Wirkung hat, wenn Menschen an einen Gott glauben, macht Gott ja nicht wirklich, sondern nur die Idee wirksam.

SPITZER: Das ist richtig. Aber genau damit, glaube ich, müssen wir uns noch genauer beschäftigen. Also, es ist ein empirischer Fakt, dass die Menschen religiös sind. Und dass ihre Religiosität Effekte im wirklichen Leben hat. Das war eben ein schönes Beispiel. Dann wird es höchste Zeit, dass wir uns darüber Gedanken machen, und dass wir aufhören zu sagen: »Ihr müsst jetzt das oder das«, sondern stattdessen sagen: »Hey, Menschen sind religiös, das hat Effekte in ihrem Leben, ja, und wie kriegen wir das jetzt eigentlich besser gebacken als bislang?« Also zum Beispiel die Leute, die sich da dauernd in die Luft sprengen, die sind ja einerseits clever, das sind ja nicht die Dümmsten, die das machen. Da gibt es ja mittlerweile so viele Selbstmordattentäter, dass das schon wissenschaftlich aufgearbeitet ist, zum Beispiel durch Scott Atran und andere. Das sind keine Dummen, das sind clevere Kerle, die halt entsprechend bearbeitet wurden und so weiter. Die natürlich auch den religiösen Hintergrund haben. Aber es ist nicht, dass man nur sagen kann: »Na ja, die wissen es halt nicht besser und die sind irgendwie einfach gestrickt.« Das ist es eben nicht. Das ist das eine. Und das andere ist, wenn man sagt, das ist die soziale Funktion der Religiosität, dann geht es immer auch um Ingroup- und Outgroup-Definitionen. Jeder Evolutionstheoretiker würde da zustimmen. Da gibt es halt die einen und da gibt es die anderen und wenn der andere nicht glaubt, also ein Ungläubiger ist, oder an was Falsches glaubt, dann kann man ihn auch eher als Feind betrachten und mit ihm entsprechend umgehen. Das ist einfacher, als wenn das genauso ein rationales Wesen ist wie ich.

GUNKL: Davon ist ja die Bibel voll.

SPITZER: Ja, davon ist die Bibel voll, davon ist viel Religiosität voll. Ich sage mal, davon ist das Alte Testament voll, weil vor 2000 Jahren, da gab es die geniale Idee zu sagen: »Um überhaupt weiterzukommen, müssen wir den Gedanken der Religion, mit all seinen furchtbaren

Ramifikationen, mit dem der Liebe verknüpfen. Und nur dann haben wir eine Chance.«

GUNKL: Wobei auch hier gesagt wird, übrigens von Jesus selbst, dass die Gesetze im alten Buch nach wie vor uneingeschränkt gelten. Davon wird jetzt nichts rausgestrichen. Das ist alles gültig.

SPITZER: Ja schon, nur, wenn man dann fragt: Was gilt denn nun? Die andere Wange hinhalten oder Auge um Auge? Dann war es halt die andere Wange. Ich will es mal ganz vorsichtig ausdrücken. Ich bin auch kein Spezialist, aber so, wie ich das sehe, hat man gemerkt, dass der Gedanke der Religion, wenn man ihn nur so nimmt, wie er involviert ist, schon verdammt brutal ist. Und deswegen fügt man ihm dann den Gedanken der Liebe hinzu und entschärft ihn dadurch in gewisser Weise. Ich finde den Gedanken bis heute genial. Nur wenn man die Implementierung der letzten 2000 Jahre anguckt, also von den Kreuzzügen bis zu den Bombardements der Nordiren, dann muss man sagen: Die Implementierung war miserabel. Also, es hat nicht funktioniert. Aber wenn wir es heute auch noch hinkriegen würden, und zwar global, den Gedanken der Religiosität mit dem Gedanken von Gemeinschaft und Prosozialität, ich nenne es jetzt mal Liebe, zu verknüpfen, dann haben wir, glaube ich, viele Probleme gelöst. Aber wir haben es noch nicht geschafft und im Moment sieht es eher so aus, als wäre die Kontroverse: auf der einen Seite die Gläubigen und auf der anderen Seite besser gar nicht glauben. Aber das ist, glaube ich, die falsche Lösung, weil wir Menschen zum Glauben neigen und auch dauernd glauben müssen, weil wir in großen Gesellschaften leben. Die Frage ist: »Wie kann es dann aussehen?« Und die Antwort ist: »Ich weiß es nicht.«

GUNKL: Ja, schrecklich, ich nämlich auch nicht. Jetzt schauen wir uns das einmal an: Erstens, dass es Religion gibt, sagt über Gott viel weniger als über uns Menschen. Dass wir das notwendig haben, dass wir es wirklich brauchen, ist eigentlich peinlich für uns. Dass wir uns nicht mittlerweile Auge in Auge anschauen und sagen können: »Ich versuche, mich anständig zu verhalten, und du versuchst, dich anständig zu verhalten, und dann werden wir schauen, wie weit wir damit kommen.«

SPITZER: Das klappt nicht. Dazu wiederum gibt es Empirie. Man kann ein schönes Experiment machen und gucken, wie sich die Menschen verhalten. Wir drei könnten das spielen. Jeder kriegt 20 Euro, wir schmeißen sie in die Mitte, der Spielleiter verdreifacht, was in der Mitte liegt, und das wird gleichmäßig unter uns verteilt. Wenn wir jetzt vernünftig sind, schmeißen wir alle unser Geld rein, denn es wird ja verdreifacht, und dann kriegt jeder das Dreifache. Aber ich könnte zum Beispiel auf die Idee kommen: Ich behalte meine 20 Euro, lass die anderen mal reinschmeißen. Dann schmeißt ihr beiden rein, da liegen 40, das wird verdreifacht, dann sind 120 im Pott und das wird unter uns dreien gleichmäßig aufgeteilt. Mit anderen Worten: Ich kriege normal meine 40 und habe dann 60, und ihr kriegt aber eben auch nur eure 40 und habt dann am Ende halt nur 40.

LESCH: Dann lädst du uns hinterher zum Essen ein, dann ist das wieder okay.

SPITZER: Würde ich aber nicht tun, denn der Punkt ist: Ihr würdet euch jetzt ärgern und würdet beim nächsten Mal denken: »Ich schmeiß aber auch nichts rein«, und am Ende schmeißt niemand mehr was rein. Jetzt muss man dafür sorgen, dass die Leute denken: »Ah, wenn ich mich falsch verhalte, kriege ich hinterher eins auf den Hut.« Und dafür genügen Normen. Die müssen irgendwie etabliert sein und es muss dafür gesorgt sein, dass es auch mal passieren könnte, dass sie jemand durch Strafe durchsetzt. Wupp, alle verhalten sich wieder sehr prosozial. Und jetzt kann man den Leuten sagen: Passt mal auf, könnt ihr nicht einfach so prosozial sein? Ja, natürlich können sie das. Und dann spielt man das Spiel und sobald man die Möglichkeit der Bestrafung weglässt, sind sie wieder asozial. Also, einfach nur zu sagen: Hört mal her, ihr seid doch vernünftige Menschen. Dann seid jetzt aber auch mal vernünftig, so wie ihr immer sagt, dass ihr es seid. Das funktioniert nicht. Die Leute sind es nicht. Und wenn man dann was implementiert wie den Gott, der guckt, oder irgendwas, dann sind sie es plötzlich. Und da kann ich nur sagen, dafür haben wir heute so überwältigende Empirie, dass ich einfach nicht sagen kann, es ist rational, vor dem Hintergrund dieser Daten den Atheismus zu vertreten. Ist es nicht.

GUNKL: Ist das kulturübergreifend?

SPITZER: Ja. Man hat weltweit diese Spiele gespielt. Da gibt es eine gewisse Varianz und die ist ökonomisch bedingt. Da sind zum Beispiel die Walfänger, die sind immer sozial. Na ja, ich meine, iss mal einen Wal alleine, oder fange ihn alleine. Das geht gar nicht. Und es gibt so eine Gesellschaft, die hauen sich immer über das Ohr, denn das machen die halt routinemäßig. Ja, also das gibt es auch. Aber das Interessante ist, dass 50 Prozent der Unterschiede, die man da findet auf der Welt, sich darüber erklären lassen, wie die Menschen jeweils produzieren und miteinander wirtschaften. Und die anderen 50, lassen sich durch nichts erklären. Die üblichen Verdächtigen wie Geschlecht, Alter, soziale Stellung, was man so hat, erklären null. Das ist wirklich interessant. Da gibt es auch ein bisschen Hirnforschung dazu, das ist spannend, dass man das sogar im Hirn wieder ein bisschen erklären kann, wie es funktioniert. Aber mir ist gar nicht wichtig, wie der Mechanismus funktioniert, sondern mir ist vor allem wichtig: Es ist erst mal so. Der empirische Fakt, dass die Menschen so sind. Und wenn sie so sind, dann können wir nicht so tun, als wären sie nicht so. Dann ist es sozusagen nicht mehr rational zu sagen: »Wir nehmen an, die Menschen sind rational.« Weil sie es nicht sind.

LESCH: Tja.

SPITZER: Ja.

LESCH: Damit wäre eigentlich alles gesagt, oder? Wenn der Mensch nicht rational ist, dann ist er ...

SPITZER: ... nicht rational.

LESCH: Nicht rational. Das heißt, ein Gespräch über Gott ...

SPITZER: ... lohnt sich immer.

LESCH: Lohnt sich immer, ist aber offenbar fast unmöglich, weil man sich am Ende im eigenen Gehirn wiederfindet und bei dem Satz »Wir sind nicht rational.« Das heißt, ein rationales Gespräch über Gott, ist dann ... ist das möglich?

GUNKL: Gott, wo steckst du? Vermutlich neben dem Teufel im Detail. Und seriöserweise kann man diese Frage auf verschiedene Arten oder auf verschiedenen Ebenen beantworten. Denn mein Zugang ist zum Beispiel: Gott steckt und ist schon mal nicht. Also diese Behauptung, die wir in religiösen Kreisen verhandeln, ist nicht existent. Das ist mal meine Behauptung, damit lege ich vor. Meine Herren, ich bitte um Kommentare.

SPITZER: Da würde ich erst mal insofern widersprechen, als dass 85 Prozent der Weltbevölkerung religiös sind. Und jetzt gibt es zum Beispiel den Herrn Richard Dawkins, der sagt das noch drastischer als du jetzt. Der sagt: »Also, wer an Gott glaubt, der muss ja wahnsinnig sein.« *The God Delusion* heißt sein dickes Buch. Und als Psychiater kann ich da sagen: Das kann gar nicht sein, dass 85 Prozent der Weltbevölkerung wahnkrank sind. Das kann nicht sein. Und jetzt ist es zumindest mal so, dass die meisten Leute an Gott glauben, und das finde ich unabhängig von der Frage »Wo steckt er denn?« einfach mal interessant. Und da kann man sich natürlich schon die Fragen stellen: »Warum ist das so?« Und: »Welche Bedeutung hat es?« Und die Fragen kann man auf jeden Fall mal versuchen anzugehen und dann kommt man vielleicht auch drauf, wo er steckt.

GUNKL: Gut, da muss ich mal zurückrudern, zumindest nachformulieren. Die Behauptung ist natürlich sehr wohl existent, nur der Gegenstand dieser Behauptung existiert nicht.

SPITZER: Aber wäre Gott denn ein Gegenstand?

GUNKL: Also im Sinne eines Diskurses schon.

SPITZER: Also grammatisch schon. Ein Satzgegenstand. Aber ein Gegenstand?

GUNKL: Gut: das Objekt dieser Behauptung. Also, ich behaupte: Es gibt Gott. Dann gibt es die Behauptung, Gott selbst gibt es aber nicht. Und die Behauptung ist dann etwas, das sehr wirkmächtig in der Welt existiert und eingreift.

SPITZER: Aber wir haben das doch öfter. Ich meine, wenn jemand behauptet, und das würdest du wahrscheinlich als Physiker: Pi existiert. Dann kann man ja auch fragen: »Wo existiert eigentlich Pi?« Und Pi existiert nicht im Gehirn, gar nicht, Pi existiert nicht im, ich sage mal, im Andromedanebel. Oder so. Aber es existiert zweifelsohne. Denn jeder, der über Kreise nachdenkt, der kommt auf das gleiche Pi. Und man denkt ja auch, Pi existiert unabhängig davon, dass ich jetzt an Pi denke.

LESCH: Ist das wirklich der Gegenstand der Frage »Wo steckt Gott?«? Also, wenn jemand danach fragt, dann will er ja nicht einen Vergleich von Gott mit irgendeiner irrationalen Zahl wie Pi haben, sondern er will entweder, dass die Antwort lautet: »Es gibt keinen Gott.« So wie du das am Anfang formuliert hast, und damit ist klar: Die Welt muss ohne Gott auskommen und so weiter. Oder aber er will als Antwort hören: »Ja, Gott, der ist überall, der ist für alles zuständig, der ist für die einzelnen Vorgänge in der Natur zuständig, der ist für die Abläufe in unserem Leben zuständig, die wir so nah an die Wunderkante bringen würden. Und der ist natürlich für die Wunder zuständig.« Dann gibt es noch verschiedene Varianten von Gott. Es gibt den christlichen Gott, es gibt den islamischen Gott, es gibt den jüdischen Gott, es gibt die hinduistischen Götter, und bei den Buddhisten gibt es, glaube ich, dreihundert Millionen Götter. Also, ich würde den Manfred auch dahingehend unterstützen, dass das Phänomen, dass der Homo sapiens an irgendetwas glaubt, das jenseits seiner Welt ist, ein Phänomen ist, das die Menschheitsgeschichte derartig stark beeinflusst hat, dass man nicht das Ganze einfach damit abtun und sagen kann: »Gott existiert nicht.« Irgendetwas in uns treibt uns. Vielleicht ist es eine evolutionäre Frage, dem könnte man natürlich nachgehen, dann würde man nachgucken, ob es in der Evolution ein Vorteil war, an etwas zu glauben, was jenseits der Welt ist.

SPITZER: Vor allem, weil das ja zunächst mal ein Nachteil ist. Also, wenn ich von Ast zu Ast hüpfe und glaube, da ist ein Ast – und da ist keiner –, das mache ich nur einmal. Und dann nie wieder. Und Gehirne sind ja, ich glaube, da kann man sich schnell drauf einigen, evolviert, um die Welt immer besser abzubilden. Ich weiß, das ist schlecht geredet, aber wir versuchen ja, aufgrund von Vorerfahrungen Vorhersagen zu machen und so weiter. Und wenn da einer anfängt und sich auf jemanden verlässt, der nicht existiert, da hat er eigentlich schlechte Karten. Und jetzt ist die Frage: »Wie konnte das passieren?« Im Laufe der Menschheitsentwicklung muss es irgendwie ein Riesenvorteil gewesen sein, denn sonst hätte es nicht passieren können. Und insofern, wenn man sagt: Okay, der Gedanke an Gott, der existiert und den haben eben ganz viele Menschen. Und der Atheismus ist in den religiösen Schriften immer auch bei den Religionen dabei, also bei den empirischen Religionen. Es sind also zumindest die militanten Atheisten auch religiös. Nur die, die überhaupt nichts drauf geben, die kann man vergessen. Aber das sind ganz wenige. So, dass man sagen muss: »Wie kann es sein, dass Menschen sich überhaupt entwickelt haben, die an so was glauben? Und warum passiert das?«

GUNKL: Eine Idee muss nicht, um in der Welt zu bestehen, gut oder richtig sein. Die muss nur Eigenschaften haben, die sie transportierbar und merkbar machen.

LESCH: Aber sie muss erfolgreich sein.

SPITZER: Und deswegen ist eine Idee, der nichts in der Welt entspricht, erst mal vielleicht ein Nachteil. Das habe ich ja mit meinem flapsigen Beispiel vom Ast, der nicht da ist, versucht zu sagen.

GUNKL: Nur die Idee eines Gottes ist ja nicht die eines Gegenstandes, der nachweisbar oder widerlegbar ist. Das, was dann irgendwie, durch ein logisches Sieb gepresst, von Gottes Bild übrig bleibt, ist das, was nicht wiederlegt werden kann, aber trotzdem als Behauptung formulierbar ist. Das bleibt dann also von Gott übrig. Alle Götter, die in »Wenn – dann«-Kategorien an Beobachtbarkeiten in unserer Welt dargestellt werden, die fallen irgendwann aus, denn es wird irgendwann passieren, dass eine Behauptung aufgestellt wird wie: »Gott macht xy.« Und dann, siehe da, das »xy« findet nicht statt und da muss man sagen: Okay, also dieser Gott fällt aus. Und nur Götter, die sich einem Nachweis oder einer Widerlegung gleichermaßen entziehen, die haben Bestand. Und diese Idee muss nicht gut sein, die muss nur vermittelbar sein. Und als Gruppenkleister ist Religion wunderbar.

LESCH: Das ist es ja vielleicht auch, dass Religion eine soziale Funktion hat, die etwas mit Gemeinschaften macht und sich dann eben auf die Gemeinschaft positiv auswirkt.

GUNKL: Also, eine Gruppe muss sich unter einem höchsten Gut versammeln können oder gemeinsam gegen einen Feind nach außen antreten. Das stabilisiert Gruppen. Der Feind von außen ist problematisch, denn den gibt es ja nur eine Zeit lang, bis es zur tatsächlichen Konfrontation kommt. Und dann muss der Feind natürlich ein bisschen was hermachen. Denn wenn man zum Beispiel sagt, die eine Wanderameise, die zweimal im Jahr vorbeikommt, ist mein Feind, und dann steige ich drauf und sie ist weg, das funktioniert nicht. Der Feind muss bestehen und der muss tatsächlich eine Gefahr darstellen und irgendwann muss diese Konfrontation stattfinden, und dann gibt es den einen oder den anderen, weil dieser Feind ist ja meistens auch eine Gruppe.

LESCH: Also, diese Argumentation über Gott, das ist mir alles ein bisschen zu eingleisig. Wir reden hier über Gott, als könnten wir über Gott reden. Es ist ohnehin schwierig, irgendwelche Eigenschaften festzumachen, die hinter dem Begriff »Gott« stecken. Also nehmen wir an, Gott ist ein Gruppenkleister, er ist eine Idee, er ist nur ein Wort, er ist etwas, das möglicherweise gar nicht existiert. Wenn man sich, sagen wir mal, professionell damit beschäftigt, wie Theologen es tun, oder wie das hier im christlichen Abendland abgelaufen ist in der Philosophie, nachdem das Römische Reich zu Ende war. Da ging es auf einmal darum, dass die Vernunft gewissermaßen, ja, Ladenschluss hatte. Und ab dann durfte nur noch geglaubt werden. Alles, was in der Philosophie in irgendeiner Art und Weise relevant war, musste irgendwie mit der Bibel und was da drinsteht, zusammengebracht werden. Es fand dann über mehrere Jahrhunderte die Auseinandersetzung statt: Vernunft oder Glaube, oder Vernunft und Glaube, oder wie kriegt man das eigentlich zusammen? Und da gibt es einen Philosophen, den Nikolaus von Kues, auch Cusanus, der sich im ausgehenden Mittelalter und zu Beginn der Neuzeit darüber Gedanken gemacht hat, was denn wäre, wenn Gott existierte? Und er ist einer der Begründer der sogenannten negativen Theologie, indem er nämlich sagt: »Bei Gott dürfte selbst der Satz vom Widerspruch, nämlich dass eine Aussage nicht zugleich falsch und wahr sein kann, nicht mehr gültig sein. Bei ihm müssten alle Gegensätze zusammenfallen.« Wie es so schön heißt: coincidentia oppositorum. Alles, das Allerkleinste und das Allergrößte. Und damit kann man natürlich im Grunde genommen gar nichts anfangen. Das Einzige, was man sagen kann, ist: Gott ist das nicht andere. Das kommt dann bei Kues dabei raus, ein Gottesbegriff, der so unklar ist, wie es nur möglich ist. Deshalb würde sich Cusanus schon über die Frage, wo Gott eigentlich steckt, wahrscheinlich kaputtlachen, der würde sagen: »Tja, Gott ist überall.« Also überall und nirgends. Es ist eben etwas völlig anderes. Und das 19. und 20. Jahrhundert hat sich ja mit seinen analytischen Wissenschaften selbst einer solchen Gottesfrage angenähert. Sozialwissenschaften finden heraus, wie stabilisierend eben Götter sind, ganz klar. Die Neurowissenschaften finden möglicherweise heraus, dass man durch äußere Magnetfelder religiöse innere Ereignisse beeinflussen kann. Dann glaubt jemand, er verschmilzt mit der Umgebung oder er verlässt seinen Körper oder sonst irgendwas.

Das ist also induzierbar. Dann gibt es die Naturwissenschaften, wovon einige sagen, wir sind auf der Suche nach der Gottesformel, was natürlich völliger Blödsinn ist. In unseren Formeln gibt es keinen Gott. Unsere Naturwissenschaften sind gottfrei, nicht gottlos notwendigerweise, aber gottfrei. Aber an der Stelle könnte man auch sagen: Moment, aus der Tatsache, dass in einer mathematischen Gleichung die Moral nicht auftaucht, kann ich doch nicht schließen, dass es keine Moral gibt.

GUNKL: Ja, aber du löst ja auch keine Schuhbänder auf in mathematischen Gleichungen. Außer du bist Knotentheoretiker.

LESCH: Aber man könnte das Material beschreiben. Das Material, aus dem die Schuhbänder bestehen, kann man zumindest mathematisch beschreiben.

SPITZER: Ja, aber es geht ja noch weiter so. Aus der Tatsache, dass in der Physik die Farben nicht auftauchen ... Ja, die Qualia.

LESCH: Oh, die Qualia, die Qualia. Die Quälerei mit den Qualia.

SPITZER: Die tauchen ja nirgendwo auf. Daraus folgt ja nicht, dass es die nicht gibt. Man kann im Hirn rumstochern, man findet Blau nirgends. Oder Rot oder Gelb oder was auch immer. Insofern kann man nicht sagen: »Deswegen gibt es das nicht.«

GUNKL: Ja, und so schwammig gefasste Behauptungen sind ja von außen ganz schwer zu widerlegen. Die sind nur von außen zu belegen. Also, wenn es irgendwas gibt, wovon man sagt, das kann nur Gott gewesen sein, das geht. Aber von innen kann man das sehr wohl attackieren. Setzen wir voraus, die Bibel ist tatsächlich das, was behauptet wird: das Wort Gottes. Und da gibt es die Zehn Gebote. Und das erste Gebot lautet ja: »Du sollst keine Götter neben mir haben.« Einmal wird geglaubt, abgenickt und man sagt: »Okay, gut.« Nur für einen Gott mit monotheistischem Anspruch ist das schon ein bisschen dünn, weil das ist ja keine Forderung wie »Du sollst kein drittes Knie haben«. Nein. Also, wenn es nur einen Gott gibt, dann muss er das von mir nicht fordern. Oder aber er weiß, dass es sehr wohl andere Götter gibt, und verlangt von mir, dass ich anderen vorlüge, es gibt nur einen. Das ist für mich moralisch hochgradig fragwürdig, dass im ersten Gebot eine Lüge von mir gefordert wird. Oder die dritte Möglichkeit: Gott ist man nicht per Existenz, sondern indem man dazu gemacht wird. Und das macht natürlich die ganze Gottesfrage hinfällig, denn da ist das stumpfe Ende des Ursache-Wirkungs-Pfeils nicht mehr erkennbar.

LESCH: Aber Gunkl, warte mal. Die Sache mit den Zehn Geboten ist ja eine wunderschöne Geschichte. Der Moses ist da auf dem Berg und kriegt sie angeblich diktiert. Gut, das heißt also erst mal, wir haben jemanden, der schreibt etwas auf. Der schreibt etwas auf, was ihm jemand diktiert. Dabei könnten Übertragungsfehler entstehen, jetzt mal ganz banal gesagt. Die Zehn Gebote sind sicherlich nicht Gottes Wort. Das sind die Zehn Gebote, die Moses aufgeschrieben hat, von denen er meint, er hätte es so verstanden. Moses war ja offenbar selber ein Oberbonze seines Volkes. Möglicherweise sollte dieser Katalog, den er in seiner religiösen Erfahrung da zusammengestellt hat, dann eben noch Gruppenkleister-Eigenschaften besitzen. Und dann ist es schon gut, wenn wir uns auf einen Gott einigen, die anderen lassen wir erst mal weg. Es gab ja zu dem Zeitpunkt eine ganze Menge. Also, in dem Zeitkontext, in dem das geschrieben worden ist, ist der Kleister-Charakter des Begriffes, oder des jüdischen Gottes, eine ganz klare Sache. Ich würde mich schon dagegen wehren, dass die Bibel Gottes Wort ist. Das ist eine Zusammensetzung von religiösen Erfahrungen, die Menschen so in der Zeit gemacht haben.

GUNKL: Aber na ja, die Bibel hat deswegen das Gewicht einer Bibel und nicht eines Protokolls einer Gruppensitzung, die über einige Jahrtausende gedauert hat. Die steht in der Welt als *Die Bibel*. Als das Wort Gottes. Das steht vorn drauf. Und zwar nicht: »Soweit wir das durch Erinnerungen oder durch Übertragungsfehler halbwegs so einigermaßen noch in Schrift fassen konnten«, sondern die Behauptung ist ja: ›Das ist das Wort Gottes.‹ Und wenn man das nicht wörtlich, aber zumindest beim Wort nehmen kann, dann ist die Sache mit Gott ein bisschen hinfällig. Wenn man das ernst nimmt als das, was es behauptet wird.

LESCH: Aber es ist doch immer durch Menschen durchgegangen. Also, selbst wenn Menschen versuchen, das Wort Gottes im Sinne von Texten zu transportieren, das ist ja das Einzige, was wir haben. Unsere Sprache oder, wenn es dann niedergeschrieben ist, unsere Texte. Bleibt doch nach wie vor, dass es eben ein echter Transformationsprozess ist. Das, was wir in der Bibel vor uns sehen, sind Texte. Und das Interessante ist eigentlich nicht das, was da steht, sondern insbesondere das, was alles zwischen den Zeilen steht. Texte werden ja von denjenigen, die nachkommen, interpretiert. Wir reden ja hier die ganze Zeit von Deutungen, was aber probiert wird, wenn man von der Existenz Gottes spricht, ist, von der Deutungsebene in die echte Existenzebene zu springen. Und in der

Existenzebene gibt es gewisse Regularien, die zum Beispiel von den Naturwissenschaften, wenn es um die Empirie geht, schön festgelegt werden mithilfe von gewissen Methoden, die sich nach gewissen Regeln zu vollziehen haben. Du stellst eine Hypothese auf, die Hypothese sollte überprüfbar sein, die Hypothese sollte mit sparsamen Annahmen versehen sein, damit man sie einfacher überprüfen kann. Die These sollte konsistent sein, sollte sich nicht widersprechen. Und so weiter und so weiter. Metaphysische Thesen sollten kritisierbar sein, all das. Aber so, wie wir jetzt über Gott gesprochen haben, müssen wir uns entweder auf die Deutungsebene einlassen, das heißt, dann ist es eine ganz klare theologische Frage und dann ist es die Deutung von Texten, wie sie in der Bibel stehen oder in anderen heiligen Büchern. Oder aber wir stellen die Frage danach, welche Wirkung hat Gott in der Welt der Dinge? Wo es dann um Wunder geht oder um irgendwas anderes.

SPITZER: Ja, aber vielleicht gerade nicht um Wunder. Also, wenn man jetzt sagt: »Das ist tatsächlich das Wort Gottes«, dann hat es eben eine andere Wirkung als wenn man sagt: »Na ja, das ist eben ein Text mit einer Editionsgeschichte« und, und, und. Und das wiederum kann man experimentell herausfinden. Jetzt erzähle ich mal kurz eine nette Geschichte, die geht so: Das war ein Experiment mit den üblichen College-Studenten. Die wurden ins psychologische Labor gebeten, und das waren natürlich immer Männer und Rechtshänder und, und, und. Und in dem Fall waren es sogar auch Frauen. Und dann ging das Experiment los und man hat gesagt, dass neue Ausgrabungen gemacht worden sind und da wurde was gefunden. Da wurde ein Text gefunden, und zwar einer, in dem Gott irgendwie was Gewaltsames sagt. Also im Grunde einen gewalttätigen Ausspruch macht. Und jetzt hat man das Ganze in einem 2x2-Design, (von dem nebenbei manche Psychologen sagen, es sei Gottes Design) variiert. Die Leute bekamen also entweder gesagt: »Das ist ein Text, den haben wir bei der Ausgrabung gefunden«, oder es wurde gesagt: »Es ist ein Text aus der Bibel.« Und dann wurde ein zweiter Faktor variiert, der Text war entweder böse oder nicht, also war sozusagen ein gewalttätiger Text oder nicht. Und man hat noch gemessen, wie religiös die Menschen tatsächlich waren. Das hat man vorher gefragt: Betet ihr, geht ihr in die Kirche? Und so weiter. Und dann hat man noch einen unabhängigen Test gemacht, nämlich wie gewaltbereit sind die Leute. Das kann man psychologisch durch eine Reihe von Dingen erfassen. Und da kam Folgendes raus: Ein gewalttätiges Statement, mit dem man sich vorher beschäftigt hat, macht die Leute gewaltbereiter. Wenn die Leute gesagt bekommen, dass das Statement in der Bibel steht, also Gottes Wort ist, ist der Effekt größer. Wenn die Leute selber gläubig sind, ist der Effekt noch größer. Und das Verrückteste ist: Wenn die Leute nicht gläubig sind, aber gesagt bekommen, dass der Satz aus der Bibel ist, ist der Effekt auch größer, als wenn die Nicht-Gläubigen gesagt bekommen: Das ist halt ein Ausgrabungstext, den haben wir vor 20 Jahren irgendwo ausgebuddelt. Also selbst bei den Nicht-Gläubigen gibt es einen Effekt auf das Verhalten, der daraus resultiert, dass man sagt: »Das ist aber Gottes Wort.« Völlig verrückt. Aber an dieser Studie sieht man so schön: Erstens ist es überhaupt nicht egal, was man den Leuten sonntags immer vorliest. Wenn man den Leuten sonntags gewalttätige Dinge vorliest, werden die nachweislich gewalttätiger, das ist, wie wenn man einen *Tatort* guckt. Also mein Leib-und-Magen-Thema, die Bildschirmmedien machen gewalttätig, die Bibel macht es auch. Oder vor fünf Jahren bekam ich noch entgegen: »Ja, dann müssten sie doch die Bibel verbieten, da ist viel Gewalt drin.« Jetzt sage ich immer: »Eigentlich haben Sie recht. Nur: Die Leute gucken fünf bis sechs Stunden Bildschirmmedien. Und wie lange lesen die wohl täglich in der Bibel? Wenn sie oft darin lesen würden und immer die Gewaltszenen, hätte das wahrscheinlich auch schreckliche Effekte. Das wussten die Leute vor 2500 Jahren auch schon, wie die Suggestivkräfte wirken. Insofern kann man sagen, es war sozusagen die Idee, ein Buch zu schaffen, dessen Anspruch so ist, wie er bei der Bibel ist, denn nur so hat es den Effekt.«

LESCH: Man darf aber nicht vergessen, dass die Bibel ja nicht nach dem Motto geschrieben worden ist: Wir fangen mal an mit dem ersten Kapitel und arbeiten uns dann so durch, sondern es ist ja eine Sammlung, und vor allen Dingen ist es sogar eine Auswahl einer Sammlung. Da gibt es ja noch viel, viel mehr.

SPITZER: Und die selbst evolviert. Und da sind wir wieder bei der Evolution. So ein Text, der evolviert. Man muss fragen: Was sind die Kriterien der Evolution? Da passieren immer irgendwelche Zufälle und dann bleibt das übrig, was am besten funktioniert hat. Somit ist die Bibel als Text übrig geblieben und wahrscheinlich sind alle die Weltreligionen übrig geblieben, die irgendwas mit der Gruppe gemacht haben, das dann die Gruppe erfolgreich gemacht hat. Und die ganzen anderen Religionen sind ausgestorben. Ich sag mal: Eine Religion, die predigt: »Geh allein in die Wüste und warte einfach ab, bis du stirbst«, die wird nicht zur Weltreligion. Das kann sie gar nicht werden.

LESCH: Aus Fruchtbarkeitsgründen heraus schon mal nicht.

GUNKL: Sich zu vermehren kann man natürlich im Nachhinein auch als göttlichen Auftrag erklären. Oder sagen: Wir vermehren uns, weil Gott es uns befohlen hat. Nur die, die sich nicht vermehren, gibt es in der zweiten Generation schon nicht mehr. Das heißt, natürlich gibt es nur welche, die sich vermehren.

SPITZER: Das Interessante ist natürlich: Wie konnte dann bei Priestern und Mönchen so etwas wie das Zölibat-Gebot evolutionär durchhalten? Das Nichtvermehrungsgebot für die Protagonisten der Religion muss auch in anderer Hinsicht so viele Vorteile gebracht haben, dass es trotzdem weitergegeben wurde. So, wie man ja heute auch darüber diskutiert, dass es die Genetik der Homosexualität überhaupt nur geben konnte, weil dann die Brüder und Schwestern der Homosexuellen mehr Nachkommen haben. Und sie letztlich in den weiteren Generationen dann doch vorhanden sind, sodass der homosexuelle Mensch seine Gene auch weitergeben kann. Nicht er selber, aber die anderen seiner Gruppe oder seiner Gemeinschaft.

GUNKL: Was man nicht außer Acht lassen darf bei der Betrachtung des Alten Testaments und artverwandter Bücher, ist, dass es natürlich schon auch sehr, sehr nach Mann stinkt. Also, wir reden jetzt so, als ginge es um die Menschheit. Und die Menschen haben sich Religion erfunden und was da rauskommt, das Scriptum, das stinkt so nach Testosteron. Wenn deine Frau nicht als Jungfrau in die Ehe geht, hast du sie auf den Stufen ihres Vaterhauses zu Tode zu steinigen. Das hat keine Frau geschrieben.

SPITZER: Das ist klar. Aber das hat auch, wie ich glaube, noch mal einen systematischen Grund. Wenn man größere Makakentruppen anguckt, stellt man fest: Da gibt es so zwei, drei Chefs, und die bestrafen normabweichendes Verhalten der anderen, und dadurch sorgen sie dafür, dass alle sich an die Normen halten und dadurch dämpfen sie das Problem in der Gesellschaft. Sie spielen Polizei und weil die das auf sich nehmen, geht es dann allen besser. Das können aber nur die stärksten Männchen sein. Warum? Die könnten es auch mal durchsetzen. Das müssen die meistens gar nicht. Die brauchen sich nur vor dem anderen aufzubauen. Da weiß der schon: Ich habe hier verloren, wenn es darauf ankommt. Also macht der gar nichts. Das Interessante ist: Menschen machen das auch. Also, Menschen bestrafen auch, obwohl sie nichts davon haben. Jetzt weiß man: Wenn das passiert, dann geht bei uns das Glückszentrum an. Und jetzt kann man sich noch fragen: Warum eigentlich?

GUNKL: Als Beobachter oder als Bestrafer?

SPITZER: Als Bestrafer. Jetzt kann man sich noch überlegen: Wie kommt das? Schadenfreude wurde im Scanner gesucht: Während ich in der Röhre liege, haut mich einer übers Ohr, ein anderer ist nett zu mir und dann wird uns allen drei Schmerzen zugefügt. Das Interessante ist, dass, wenn dem anderen Schmerzen zugefügt werden, mein Schmerzempfinden auch angeht, wenn aber dem, der mich übers Ohr gehauen hat, Schmerzen zugefügt werden, geht mein Schmerzzentrum nicht an, aber mein Glückszentrum geht an. Aber nur bei Männern. Mit anderen Worten: Schadenfreude macht auch nur bei Männern Sinn. Denn es macht nur dann Sinn, wenn die Schadenfreude verhaltensrelevant wird, und das kann sie nur bei Männern werden, weil die größer und stärker sind als Frauen. Wenn wir Vertrauen und Normeinhaltung als evolutionäre Kerne von Religiosität denken, haben wir genug Mechanismen, die dafür sorgen, dass es dann auch die Männer sind, die sich darum kümmern, weil die Frauen das aus den eben genannten Gründen gar nicht sein können. Also sind bei uns sogar das Männliche und das Göttliche manchmal nah beieinander. Das ist nicht in allen Religionen so. Man muss sich überlegen: Frauen sind sozial besser und wenn es um soziale Fähigkeiten geht, dann werden es wahrscheinlich eher wieder Göttinnen sein und nicht Götter. Wenn es aber um das Beobachten und um das Bestrafen bei Normabweichungen geht und so weiter, das wird ein Mann sein. Dafür gibt es Gründe.

LESCH: Jetzt sind wir auf jeden Fall so weit, dass wir uns erst mal, glaube ich, darauf einigen können: Es gibt diesen Text-Gott. Wenn man aber noch einen Schritt zurückgeht und nicht nur einen Text nimmt wie die Bibel, der, sagen wir mal, so grob 2500 Jahre alt ist, was das Alte Testament betrifft, vielleicht sogar noch einen Tick älter. Als das Volk Israel in Babylon saß, so heißt es ja zumindest, sind die diversen Genesis-Texte aufgeschrieben worden. Jetzt gibt es aber schon davor so etwas wie eine Gott-Vorstellung in den Hochkulturen. Es gibt ja sogar schon bei den Neandertalern vor 40 000 Jahren erste Kultgegenstände, die keinen wirklichen dinglichen Wert haben, dass man damit etwas anfangen kann. Es geht um Symbole. Und da scheint mir doch, ich würde nicht sagen, der Gott begraben zu sein, sondern vielmehr der Hund begraben zu sein, dass wir Menschen auf die Welt kommen, die Welt ist schon da und sie verlangt nach einem Sinnzusammenhang. Irgendwie ist doch das der Motor für alle Vorstellungen, die hinter Ideologien, Philosophien, Religionen stehen. Alles das, was in irgendeiner Art und Weise weltbildartig ist, also wo es nicht nur darum geht zu beschreiben: Das ist ein Baum und ein Baum unter vielen Bäumen, sondern wo es darum geht: Wo kommt der Baum her, wo wird er hingehen? Also, wie ist die Welt entstanden, wo gehen wir hin? Welchen Sinn hat die Welt, die jenseits der Empirie liegt? Würdest du sagen: Es liegt nur an der Entwicklung unseres Gehirns, dass wir diesen Sinn suchen?

SPITZER: Es sind irgendwann Frontalhirne entstanden, das ist noch nicht so lange her. Die kann man zum

Simulieren gut gebrauchen. Also, wenn irgendwo in unserem Kopf Simulationen stattfinden, dann ist das hinter der Stirn. Das ist das eine. Und das andere ist: Wir wissen, dass das Frontalhirn in seiner Funktion von einem Stoff namens Dopamin moduliert wird. Und zwar regnen die Fasern wie mit der Gießkanne ein bisschen mehr oder weniger Dopamin auf das Frontalhirn, und davon hängt es ab, wie gut es funktioniert. Das ist deswegen so spannend, weil wiederum ein Herr Dean Hamer, der sich eigentlich mit Sucht beschäftigt hat, und Suchtverhalten hat auch etwas mit Dopamin zu tun, zufällig herausgefunden hat, dass das Dopaminsystem etwas mit Religiosität zu tun hat. Und er hat ein ganzes Buch darüber geschrieben. Das lässt sich mit einem Satz zusammenfassen: Es gibt eine genetische Variation, die betrifft das Dopaminsystem, und die korreliert mit Religiosität. Und jetzt ist ganz spannend dabei, dass wir jetzt nämlich bei einer Fähigkeit sind, die im Laufe der Menschheitswerdung ganz sicher entstanden ist. Nämlich ein großes Frontalhirn und mehr oder weniger Dopaminberegnung dieses Frontalhirns. Von dieser Beregnung hängt es ab, wie gut das ganze Ding funktioniert und vor allem auch, das ist ziemlich wahrscheinlich, wie gut es zu diesen Simulationen fähig ist.

GUNKL: Das ist ja wunderbar.

SPITZER: Ja klar. Das ist völlig verrückt.

LESCH: Es gibt also einen Sender und wir sind quasi Radiogeräte, die sich darauf einstellen müssen.

SPITZER: Aber wir sind ja selber der Sender, weil die Simulationen ja ständig laufen.

LESCH: Aber das würde man so interpretieren können, dass es tatsächlich einen Sender gibt, und unsere Religiosität, also unser religiöses Empfangsgerät da oben, muss entsprechend eingestellt sein, damit es überhaupt diese göttliche Sendung empfangen kann.

SPITZER: Ich würde mal sagen, die göttliche Sendung, die produzieren wir dauernd selber. Aber die, die es eben haben, wie du richtig gesagt hast, die haben es.

GUNKL: Und die bilden sich aber gerne mal ein, dass es jemand von außen gemacht haben muss.

SPITZER: Ganz genau. Da kann ich jetzt als Psychiater noch einen draufsetzen. Eine der wichtigsten Erkrankungen, mit denen sich der Psychiater beschäftigt, ist Schizophrenie. Und die besteht darin, dass man sich beobachtet fühlt, dass man Dinge als von außen gemacht erlebt. Und genau diese Krankheit geht mit einer Überfunktion des Dopaminsystems einher. Im Dopaminsystem gibt es fünf Rezeptoren. Der wichtige für diese Erkrankung ist der Dopaminrezeptor Nummer vier, und das ist auch der, der bei der Gott-Mutation eine Rolle spielt. Also das ist alles schon durch. Das wissen wir alles schon. Da muss man sagen, als Psychiater wundert das einen alles überhaupt nicht. Denn hier ist der Mensch selbst gefragt. Das gibt es im Tierreich nicht in dieser Differenziertheit. Unser Frontalhirn, das sicherlich im Tierreich so auch nicht da ist. Und dann noch das Dopaminsystem, das diese Sinnfrage produziert. Wenn es, ich sag mal, in gewisser Weise gebahnt ist, bei manchen von uns. Wenn die Sinnfrage ganz krankhaft ist, geht es bis hin zu religiösen Wahnideen. Die gibt es auch. Nebenbei. Das ist ganz interessant. Wenn man sich mit dem religiösen Wahn beschäftigt, ist das Erste, was man denkt, dass es den doch eigentlich gar nicht geben kann. Denn wenn zu mir jemand kommt und sagt: »Ich werde vom NASA-Satelliten beobachtet«, dann kann ich die NASA anrufen. Also, wenn ich das wollte. Auf jeden Fall würden wir herausfinden, es ist nicht so. Wenn aber einer sagt: »Gott beobachtet mich dauernd.« Dann rufe ich ja nicht bei Gott an, denn es geht prinzipiell nicht. Ich habe mich über Wahn habilitiert. Deswegen ist es wirklich für mich auch eine interessante Erfahrung gewesen herauszukriegen, was in den Lehrbüchern der Psychiatrie steht. Wahn ist, wenn jemand was glaubt, und das ist falsch. Das kann es aber gar nicht sein, denn wenn jemand einen religiösen Wahn hat, dann kann niemand sagen, ob es richtig oder falsch ist. Es kommt aber sogar vor, dass der Wahn am Ende richtig ist: Da gibt es nämlich zum Beispiel Eifersuchtswahn, da glaubt der Wahnkranke, der Partner geht fremd. Und jetzt würde ja kein Mensch auf die Idee kommen, dass der Wahnkranke in dem Moment gesund ist, in dem der Partner vielleicht, weil er die Schnauze voll hat, wirklich fremdgeht. Nur, weil es dann stimmt. Das ist natürlich nicht der Fall, sondern der Wahnkranke hat seine Welt und seine Überzeugungen und so weiter, unabhängig von dem, was der Partner macht. Das heißt, es gibt Wahn, der stimmt sogar, und dann gibt es eben Wahn, den würde man empirisch nie überprüfen. Also, ich rufe natürlich nicht bei der NASA an, wenn mir einer erzählt, dass ihn der Satellit beobachtet. Ich gehe davon aus, dass er sozusagen im Wahn redet. Aber der Punkt, den ich machen wollte, ist der: Die Kirche hat im Umgang mit religiösem Wahn eigentlich die besten Karten. Warum? Sie versteht am besten, ob die Gedanken des Einzelnen gemäß dem sind, was die ganze Gruppe denkt, oder nicht. Oder anders: Ich habe auch schon einen Meditationslehrer gehabt, der hat mir seinen Meditationsschüler gebracht und gesagt: »Der meditiert so komisch.« Und am Ende kam raus: Der war tatsächlich schizophren. Das ist dem Meditationslehrer das Erstes aufgefallen.

Alle anderen würden sagen: »Der ist sowieso ziemlich daneben und beschäftigt sich mit allem Möglichen.« Da ist es nicht aufgefallen. Dem Meditationslehrer ist es aufgefallen.

LESCH: Ich dachte eben schon, du wolltest sagen, die Kirche hat die Telefonnummer von Gott und die wüsste, wo sie anrufen muss.

SPITZER: Nein, sie kann am besten differenzieren, ob etwas noch im Bereich dessen ist, was die anderen auch glauben, was die ganze Gemeinschaft trägt oder ob es davon abweicht. Das weiß ich als Psychiater, der ich mich mit Religion ja nicht profimäßig beschäftige, viel schlechter als andere. Und auch, wie man damit umgeht, dass man zum Beispiel sagt: »Na ja, jetzt gucken wir erst mal.« Also, dass man denjenigen ein bisschen in Watte packt, was wir Psychiater jederzeit auch machen würden, ist genau richtig. Die Kirche hat im Umgang mit diesen Phänomenen eine lange Erfahrung und macht auch da vieles richtig. Das muss man schon sagen.

LESCH: Ich will nur mal ganz kurz festhalten: Wir haben jetzt einen Ort gefunden, wo Gott steckt: In den Frontallappen bei entsprechender Dopaminberegnung. Darf ich das so notieren?

SPITZER: Nein. Deswegen habe ich mit Pi angefangen. Mathematiker, womit denken die? Natürlich mit dem Frontalhirn. Steckt deswegen Pi im Frontalhirn? Nein.

LESCH: Okay. Dann also immer noch nicht.

GUNKL: Pi ist ja auch ein Verhältnis und ein Verhältnis ist nicht lokalisierbar.

SPITZER: Es ist gedacht. Aber es ist eben auch gedacht als etwas, das nicht einfach nur gedacht ist. Es ist nicht einfach bloß so mein Hirngespinst. Das ist ja der Punkt.

GUNKL: Zwei Fragen habe ich, eine Frage eigentlich, zum religiösen Wahn. Wahn gibt es in verschiedenen Stärken der Ausprägung, nehme ich mal an. Das heißt, wenn jemand wahnhaft ist, wird der in der Religion auch einen guten Stand haben, weil der von keines Zweifels Blässe angekränkelt ist, wenn er einen Schub hat.

SPITZER: Nein, nicht unbedingt. Wenn einer wahnkrank ist und er ist in einer religiösen Gemeinschaft, ist es gut möglich, dass die ihn verstößt. Früher wurden die auch verbrannt oder so was.

GUNKL: Also, wenn sein Wahn dieser Religion konform ist.

SPITZER: Ja, aber, definitionsgemäß ist er das eben nicht. Wenn einer genau das Gleiche glaubt wie die anderen, würde eine Religionsgemeinschaft von Gläubigen nie sagen, das ist Wahn. Das heißt, der würde da gar nicht auffallen.

GUNKL: Nein, er ist beseelt und er glaubt stärker. Weil alle Zweifel dopaminmäßig aus dem Weg geregnet sind.

SPITZER: Aber das Gleiche stärker zu glauben, was alle glauben, ist nicht schlimm. Krankheit, das hat Kant als Erster richtig klargesehen, ist immer auch, dass der Gemeinsinn verloren geht. Also ein psychisch Kranker, der ist krank, und genau deswegen passt er den anderen nicht mehr. Und er passt auch nicht mehr zu den anderen. Das merkt er selbst. Und deswegen ist er draußen. Immer! Und auch aus der Religionsgemeinschaft. Deswegen haben Wahnkranke keine guten Karten, wenn sie auch noch so religiös sind.

GUNKL: Ich meine jetzt nicht die Härtefälle, die behaupten: »Der größte Fehler war es, sich auf die Schlacht von Waterloo einzulassen«, oder die parkende Autos anbellen. Sondern so an der Kante und diese Kante ist schon in Greifweite. Ich glaube, dass so jemand im Vortrag einfach mehr Druck hat. Wenn jemand etwas sagt und den Eindruck vermittelt, er hat keinen Grund, an dem, was er da sagt, auch nur ansatzweise zu zweifeln, ist man sehr geneigt, diesem Menschen zu folgen, weil der weiß einfach, wie es geht.

SPITZER: Du sprichst jetzt über den Zusammenhang, wie es kommen kann, dass manche Individuen der Gemeinschaft eine große Wirkung auf andere haben. Und da muss man natürlich sagen: Ja, wer da sozusagen ein bisschen übersprudelt – und das hat auch wieder etwas mit Dopamin zu tun – der ist oft mitreißend für andere. Und deswegen hat er dann auch diese Wirkung. Aber er hat vielleicht trotzdem keine gute Erfassung der Realität. Und wie du richtig sagst, da gibt es Leute, die sind so am Rand. Und wir wollen jetzt nicht darüber reden, ob Jesus drüber war oder wo auch immer. Das ist auch völlig müßig, darüber zu diskutieren. Aber zwei Sachen fallen mir da ein. Es gibt einen Fall in Südafrika, der ist etwa 100 Jahre alt. Da hat ein junges Mädchen plötzlich die Idee gehabt: »Es wird alles gut und wir werden alle erlöst. Ihr braucht eure Rinder gar nicht mehr zu hätscheln. Wir brauchen die nicht.« Sie war in der Lage, die Leute mit dieser Idee zu infizieren, und es sind Tausende Menschen gestorben, denn die hatten irgendwann nichts mehr zu essen. Ich habe in Südafrika mal mit Psychiatern gesprochen: »Das ist doch ein interessanter Fall von kollektivem Wahn und von Massenwahn. Habt ihr das mal näher aufgearbeitet? Das ist doch bei euch in der Nachbarschaft!« Da sagten die: »Das würden wir nicht machen, denn da bekämen wir Probleme mit den Leuten, die hier in der Gegend wohnen, denn die verehren das Mädchen zum Teil bis heute noch.« Das ist politisch höchst unkorrekt, darüber überhaupt nur zu reden. Und das andere, was mir einfällt, ist die schöne Geschichte des Psychologen Milton Rokeach von den drei Leuten, die alle drei dachten, sie seien Jesus. Und dann hat man die einfach zusammen in eine psychiatrische Anstalt gesteckt. Dort haben sie zwei Jahre zusammengewohnt und hinterher waren immer noch alle drei Jesus. Mit anderen Worten: Das hat die überhaupt nicht gestört, dass da noch zwei andere sind, die das behaupten. Jeder hatte eine andere Erklärung parat, warum er – und nicht die anderen beiden – der echte Jesus ist. So funktioniert es eben auch. Da kann ich nur sagen: Das ist Psychiatrie. Das hat mit Religion erst mal nichts zu tun und schon gar nicht mit Gott. Aber es ist trotzdem interessant, dass es hier um ähnliche Phänomene geht, nämlich um Menschen mit Bedeutungsüberschuss, Menschen, die andere mitreißen. Das ist in der Religion immer der Fall. Und wir finden sogar heraus, wie man Schizophrenie mit Medikamenten behandelt, die am Dopaminsystem was ändern.

LESCH: Wenn wir noch mal dahin zurückgehen, bevor der Manfred angefangen hat, den Wahn genauer zu erklären ... Gunkl hat ja gesagt, der Mensch ist eben mit diesem Wahnsinn beseelt, überall Sinn finden zu wollen. Bis die Menschen auf die Welt gekommen sind, das hat ein paar Jahre gebraucht, nämlich bis zu ein paar Milliarden Jahre, bis auf unserem Planeten mal irgendeine dieser Sorte aufgetaucht ist. Die Welt ist ja schon ziemlich erfolgreich und ziemlich fertig. Damit der Mensch überhaupt überleben kann, ist er Teil einer riesigen Nahrungskette. Er ist Teil einer unglaublichen materiellen Transformation, die auf dem Planeten Erde stattfindet. Und er ist ein Lebewesen, das über einen solchen dopaminberegneten oder sonst irgendwie beregneten Frontallappen verfügt. Oder was heißt verfügt? Er hat ihn sich ja nicht gemacht. Er kommt auf die Welt und hat diese Erfahrungsebenen. Was soll er denn machen? Soll er sich hinsetzen? Stell dir vor, vor 500 000 Jahren! Der erste Homo sapiens, der überhaupt jemals auf diesem Planeten rumgelaufen ist, hätte deinen Satz gesagt: »Ich komme auf die Welt und Gott gibt es nicht. So, jetzt wollen wir mal sehen, wie wir jetzt klarkommen.« Die wären nicht klargekommen. Die wären ohne eine Deutung, ohne den Versuch, irgendwie zu deuten, warum die Dinge so sind, wie sie sind, und warum manche Sachen ablaufen, wie sie eben ablaufen, nicht klargekommen. Ohne diesen ständigen Drang zu fragen: Wie interpretieren wir das für unsere Gruppe? Sind wir von den Göttern gesegnet oder auch nicht? Sollen wir hier weggehen? Ist dieser Platz vielleicht verflucht oder sonst irgendwas? Wie soll man als reflektierendes Lebewesen über die Welt nachdenken, ohne ihr ständig einen Sinn geben zu wollen?

SPITZER: Vor allem, wenn man so drauf ist, wie du gesagt hast, nämlich dass man dauernd simuliert. Wenn man das sozusagen gewöhnt ist. Das macht man ja für sich selbst dauernd. Wenn das so wäre, dann ist das und dann ist das. Das machen wir dauernd. Wir simulieren ja dauernd.

LESCH: Selbst jetzt, wo wir hier sitzen, simulieren wir. Dabei sprechen wir, aber wir simulieren.

GUNKL: Also, die Idee eines Gottes hat diesbezüglich auch eine prima Funktion, nämlich so als Auslaufzone für den infiniten Rekurs, nämlich für alle und für jeden. Es müssen nicht alle dauernd darüber nachdenken, wie denn das jetzt gemeint ist und wohin das führt und was das heißt und warum das so ist und wo das herkommt und wo das hinwill. Sondern es gibt da einen Ideentopf, so ein Behältnis. Das heißt Gott und warum und warum und warum? Weil der liebe Gott das so gemacht hat. Punkt, aus! Und du hast geistige Ressourcen für irgendetwas anderes. Und du wirst nicht so schnell abgelenkt im Erstellen sonstiger Tagesablaufsposten, wenn du so einen Sack hast, in dem du die allermeisten und allergrößten Fragen deponieren kannst, und die gelten als beantwortet. Und dann kannst du was anderes machen.

SPITZER: Du meinst, du bist im Tagesgeschäft erfolgreicher, wenn du nicht dauernd durch die Urfragen abgelenkt wirst.

GUNKL: Als Gruppe.

LESCH: Aber ein großer Teil unserer Kultur ist eine einzige Auseinandersetzung mit Gott, ob es nun die Musik ist oder die Malerei, die Baukunst. Ich würde mal sagen, bis zum Beginn der Neuzeit ist es eine pausenlose Auseinandersetzung mit dieser merkwürdigen Idee von Gott.

SPITZER: Du meinst, das Argument stimmt nicht? Weil die sonst was Gescheites gemalt hätten und nicht immer die Bilder von Leuten, die es gar nicht gibt?

LESCH: Also, die hätten sich doch da nicht so reingekniet und hätten Gotteshäuser errichtet, vor denen wir auch im 21. Jahrhundert noch stehen und sagen:

»Donnerwetter!« Vor allen Dingen haben die angefangen, diese Gotteshäuser zu bauen, als sie genau
gewusst haben, sie werden deren Ende nie, unter
keinen Umständen, erleben. Da kann man natürlich
immer wieder sagen: »Das hat gruppenstabilisierende
Eigenschaften und so weiter. Aber eine Kirche, eine
Riesenkirche, mitten in einer Stadt zu bauen, das ist
ein gewaltiger Akt gewesen. Natürlich hat man da
gemerkt, dass das auch ein wirtschaftlicher Faktor
ist. Aber die haben den Kölner Dom nicht nur in Köln
hingestellt mit dem Gedanken: »Also, weißt du was,
da können wir vielleicht in 400 oder 500 Jahren mal
richtig Geld damit verdienen.« Nie im Leben! Das war
zum Lobe Gottes. Auch viele Maler haben einfach nur
versucht, auf Fläche zu bannen, was sich in ihnen abspielt, wenn sie darüber nachdenken, ob es Gott gibt.
Diese Innenwelten – da bin ich wieder bei den dopaminberegneten Innenwelten –, die spielen in unserer
Kultur, und wenn man ehrlich ist, über den gesamten
Globus verteilt, eine große Rolle. Überall gibt es Plätze,
wo Gott für die Menschen eine ganz, ganz wichtige
Rolle gespielt hat. Und das heißt, es war eben dann
gerade nicht mehr nur für das Tagesgeschäft. Von den

Pyramiden wollen wir gar nicht reden, aber das war ja vielleicht eine politische Systemgeschichte.

SPITZER: Also nach dem Motto: Gott ist sozusagen ein Eimer für Ideen, die ich ablegen muss, um mich dem Tagesgeschäft zuzuwenden. Die Idee ist riskant. Also empirisch vielleicht nicht zutreffend, oder? Da hätte ich Probleme. Da hätte ich große Probleme, zu verstehen, weshalb es dann solche riesigen Kulturgebirge um den herum Gott gibt.

GUNKL: Also, es gibt über viele Bereiche des Lebens eine Menge möglicher Ideen, die in einer Gruppe in Konkurrenz treten könnten und die die Konsistenz der Gruppe dann womöglich gefährden. Und wenn es aber eine zentrale Behauptung gibt, die dann auch in Bauwerken oder in irgendwelchen sonstigen Gebilden manifest wird, und man sagt: »Das ist es. Das ist das Zentrum. Und jede Idee, die von diesem Zentrum abweicht, gefährdet uns. Und wenn du das glaubst, bist du bei uns gut aufgehoben«, dann ist es ein sehr starkes Argument dafür, einen Gott zu haben und ihm eine Kirche zu bauen. Das ist aber nicht geplant, sondern passiert.

SPITZER: Passiert. Wobei das jetzt auch wieder nur für bestimmte Kulturen oder Religionen zutrifft, dass der Gott im Jenseits bestraft und so weiter. Die Hochreligionen, die machen das, aber die alten Griechen, da bin ich mir nicht so sicher, wie da der Gott war, und wenn man da noch weiter in der Zeit zurückgeht, da bin ich mir nicht sicher. Wobei man sich fragen kann: Wie, da ist einer, und der guckt und am Ende addiert er auf? Also, die Additionsidee muss ich haben, und die heutige Psychologie hat ja auch wieder gezeigt: Wenn man ein Augenpaar irgendwo hinhängt, dann verhalten sich die Leute einfach ehrlicher, gruppenkonformer. Das kann auch das Augenpaar eines Roboters sein oder sogar ein Foto eines Augenpaars eines Roboters. Und auch wenn ich das neben den Bildschirm hänge, dann schummeln die Leute, wenn die einen Test am Bildschirm machen, mit einer geringeren Wahrscheinlichkeit, als wenn da kein Augenpaar hängt. Also nach dem Motto: »Da ist einer, der guckt«. Das hat einen unglaublichen Effekt auf die Art, wie sich Menschen verhalten. Wenn die Idee, dass da einer immer guckt, erst mal draußen ist, pflanzt sie sich von allein fort. Weil die Menschen dann Angst haben. Und wenn der auch noch ein bisschen auf mich aufpasst, das reduziert Stress. Stressreduktion macht, dass ich fruchtbarer bin. Das pflanzt sich fort wie ein Buschfeuer. Das muss so passieren.

GUNKL: Denn er guckt ja nicht nur auf deine Taten, sondern sogar auf die Gedanken. Zu Beginn der Messe, und das hat mich schwer verstört mit acht Jahren, musste laut gesagt werden: »Ich bekenne, ich habe gesündigt in Gedanken, Worten und Werken.« Bei den Werken habe ich mir gedacht: »okay«. Bei »Worten« war ich ein bisschen im Zweifel, ob man in Worten sündigen kann. Aber in Gedanken … Da hab ich mir gedacht: Das wird sich auf Dauer nicht ausgehen mit mir. Und wenn die Behauptung in der Gruppe besteht, der guckt nicht nur auf das, was du machst, sondern auch auf das, was du denkst, dann ist der Jahrmarkt der Ideen, kann man sagen, eine Monokultur. Weil dann kommst du gar nicht auf die Idee einer anderen Idee.

LESCH: Aber wenn wir schon vorher, sagen wir mal, die Relativität der religiösen Texte hatten, dann wird es natürlich jetzt noch relativer, wenn eine Institution, die sich ganz sicher zu einer enormen Machtinstitution in Europa entwickelt hat, noch Regularien hat, nach denen man sich eben, zum Beispiel, im Gottesdienst verhalten soll. So ein Satz steht nirgendwo in der Bibel. Zumindest nicht nach meiner Kenntnis. Im Alten Testament sowieso nicht, und im Neuen Testament eigentlich auch nicht. Also, das heißt, das ist ja eigentlich so etwas wie eine Bandage, die da angelegt wird, die man auch richtig spüren soll. Ja, ich habe gesündigt und man geht in die Kirche und das ist so eine Art von Dauerbeichte. Ich fände es schade, wenn wir da keinen Unterschied machen würden. Jetzt ist das Wort gefallen. Kirche als Institution ist natürlich heutzutage für viele Leute nicht nur ein Reizwort, sondern sogar ein Reizthema. Gott ist aber ganz unabhängig von diesen 2000 Jahren katholischer Kirche in der Menschheitsgeschichte offenbar schon immer ein Thema. Das hatten wir ja schon. Wir brauchen gar nicht die letzten 2000 Jahre zu nehmen. Es gab auch immer atheistische Strömungen.

SPITZER: Also Skeptiker, Ketzer. Die gab es sicher immer. Die gab es genauso, wie es die anderen gab.

LESCH: Genau, genau, genau. Es war immer alles da, aber das Thema ist meiner Ansicht nach doch immer wieder: Gott als ein Ausdruck der Auseinandersetzung des Menschen mit der Welt um ihn herum. Dass Menschen verschwinden, indem sie sterben, dass sie teilweise fürchterliche Krankheiten haben, dass in der Natur um uns herum irgendetwas passiert, das wir überhaupt nicht einschätzen können, das wir gar nicht einordnen können, weil wir gar nicht wissen, wie es entsteht. Weil wir die Gründe dafür nicht kennen und selbst wenn wir die Gründe dafür kennen, würden wir im Zweifel doch immer noch hoffen, dass man selbst davon nicht betroffen ist. Wie es so schön heißt: Die Hoffnung stirbt zuletzt, aber sie stirbt. Es tut mir leid. Wie man es auch dreht und wendet und wenn auch noch so viele Bücher behaupten, Gott sei tot, und wenn noch so viele dezidiert herunterdeklinieren können, warum es Gott nicht geben kann : Wir werden uns praktisch immer wieder beim Psychiater treffen. Mir scheint das der Lokus zu sein. Also der Ort, wo sich

Gott in uns abspielt, in unserer Simulationsmaschine dort oben, in unserer Rekonstruktionsmaschine, deren Erfolg ja unter anderem damit zu tun hat, dass wir zwar konstruieren, aber vor allen Dingen viel rekonstruieren.

SPITZER: Aber wie erklärst du dir dann, Harald, dass wir Himmel und Hölle haben? Und dass die meisten Leute, wenn es um Religiosität geht, dann schnell beim Weltall sind?

LESCH: Das möchte ich auch mal wissen.

SPITZER: Nein, das finde ich wirklich frappierend. Ist es der gestirnte Himmel über mir? Also, dieses nächtliche »Boah!«. Ist es das, was dann so ein eigenartiges Gefühl meiner Kleinheit und so weiter in mir auslöst? Also, du hast da sicher schon viel mehr darüber nachgedacht …

GUNKL: Also, der Sonnengott wird mit dem gestirnten Himmel nichts zu tun haben. Ich glaube, dass oben einfach immer gut ist. Das ist schon physikalisch bedingt: Du hast eine höhere potenzielle Energie. Von oben kannst du jemandem ins Kreuz springen und ihn überwältigen.

SPITZER: Also, dazu gibt es wieder schöne Psychologie. Es ist tatsächlich so: Oben ist gut! Denn wenn man für die Heilsarmee sammelt, bekommt der, der oben an der Rolltreppe sammelt, immer doppelt so viel wie der unten.

LESCH: Nein, ist nicht wahr!

SPITZER: Doch, doch. Und man kann psychologische Experimente zur Gewaltbereitschaft und zur Hilfsbereitschaft machen, und da kann man den Leuten sagen: »Also, ihr müsst ausnahmsweise nicht ins Labor kommen, weil wir das gerade renovieren. Ihr müsst ins Theater kommen.« Und dann baut man einfach den

Tisch für die Befragung entweder im Parkett auf, also da, wo man reinkommt, oder im Orchestergraben oder auf der Bühne. Und wenn man dann einfach jedes Mal das genau das Gleiche macht, dann stellt sich raus, dass die Leute im Orchestergraben unmoralischer und weniger hilfsbereit und aggressiver sind, und auf der Bühne, da sind sie moralischer und weniger aggressiv. Also, oben ist gut. Das ist immer gut.

LESCH: Das geht mir ja runter wie Öl. Ich meine, für mich als Astronom. Das ist ja wunderbar.

SPITZER: Ja, oben ist gut. Oder noch etwas. Ganz witzig. Ist noch ein ganz verrücktes Experiment. Man zeigt den Leuten am Computerbildschirm Bilder aus der Kunst, von Gott und vom Teufel. Und die werden nicht auf dem ganzen Bildschirm so vollbildmäßig gezeigt, sondern eher als kleines Bild. Und die erscheinen irgendwo am Bildschirm. Und dann sagt man den Leuten hinterher: Also, passt mal auf, wir wollen jetzt wissen, wie gut euer Ortsgedächtnis ist. Wir zeigen euch die gleichen Bilder jetzt noch mal alle in der Mitte vom Bildschirm und der Bildschirm ist berührungs-empfindlich. Und ihr müsst mit eurem Finger den Ort antippen, wo ihr vorher das Bild gesehen habt. Und dann wird immer systematisch Gott weiter oben er-innert und der Teufel weiter unten. Also, man findet immer eine Abweichung. Gott ist oben. Aber Harald, ich muss da noch mal bohren: Warum glaubst du, dass die Leute das Kosmische oder Kosmologische mit Gott verbinden? Oder ist das einfach, weil wir früher vom Sonnenstand abhängig waren, und deswegen war das für die Ernte wichtig? Also, war einfach unser Über-leben von diesen Dingen abhängig und deswegen haben wir da die Gottheit auch schon mal reinproji-ziert, weil die so mächtig war und wir abhängig waren und so weiter? Ist es das? Oder was ist es, was an den Sternen so göttlich ist?

LESCH: Wir haben in der deutschen Sprache leider keine zwei Worte für den Himmel. Im Englischen gibt es den großen Unterschied zwischen *sky* und *heaven*. Und wir haben das leider nicht. Astronomen werden unglaublich oft nach Gott gefragt und ich frage im-mer zurück: »Ja, haben Sie heute Ihren Tankwart auch schon nach Gott gefragt oder Ihren Schuster oder die Bäckereiverkäuferin? Bevor ich jetzt eine Semmel bei Ihnen kaufe, sagen Sie mal: Glauben Sie an Gott?«

SPITZER: Aber das kann doch nicht an dem Wort »Himmel« liegen. Denn ich meine, warum schreibt der Dawkins, der doch zwischen *sky* und *heaven* unterscheiden kann, dann sein Buch? Wie macht der das da? Also, wenn man es auf Englisch liest? Da redet er doch über *sky* und ...

LESCH: ... und *heaven*. Ja. Für ihn macht es ja gar keinen großen Unterschied, weil er von vornherein *heaven* ablehnt. heaven ist für ihn kein Thema.

SPITZER: Aber glaubst du wirklich, dass ein englischer Astronom seltener nach Gott gefragt wird als ein deutscher?

LESCH: Nein, nein. Wir Astronomen sind schon diejenigen, die sich damit herumschlagen müssen. Ich denke, die Leute vermuten das große Geheimnis Gottes da, wo die großen Geheimnisse vermutet werden, nämlich irgendwo da draußen. Wir haben schon unseren Planeten durchforstet, die Materie durchleuchtet und kommen immer mehr und mehr selbst den merkwürdigen Vorgängen unseres Frontallappens auf die Spur. Da scheint ja alles erklärt zu sein oder zumindest sind die Wissenschaftler auf einem guten Weg, das alles zu erklären und das, was sie nicht finden, das werden sie demnächst finden. Und dann gibt es die große Unbekannte. Das ist das Universum. Dieser riesige Raum da draußen, der ja offenbar total leer ist. Also, das Mindeste, was man da draußen vermutet, sind Außerirdische, ganz klar.

GUNKL: Die suchen ja auch ernst zu nehmende Wissenschaftler schon seit Jahrzehnten.

LESCH: Jawohl, wir suchen heftig danach und irgendwann werden wir die auch finden, aber ganz abgesehen von den Außerirdischen ist vor allem die große Frage, wo das alles herkommt. Also, wo unser Planet herkommt, das wird dann eher so lapidar am Rande bemerkt, aber wo das ganze Universum herkommt. Es könnte doch auch nichts sein. Wieso ist überhaupt irgendetwas? Diese ganzen existenziellen Fragen am Rande der Physik, die sich quasi am Beginn des Universums in diesem Modell des heißen Anfangs zusammenstellen, da hinten, irgendwo da hinten, wird von vielen Gott vermutet. Und ich sage dann immer: »Also, seien Sie bloß vorsichtig, dass Sie nicht den gleichen Fehler machen wie viele Theologen über 400 Jahre.« Die haben ja mal gesagt, Gott sei da, wo die Wissenschaft nicht ist. Sie haben ein kleines Wörtchen vergessen: »noch«. Das hätten sie reinsetzen können, dann hätten sie nämlich natürlich sofort gewusst, wenn die so weitermachen, diese Physiker, dann haben wir am Ende noch einen Gott, wir haben es ja vorhin schon mal angesprochen, so groß wie die Planck-Länge, 10^{-35} Meter. Dann ist man bei der absoluten Bonsai-Variante von Gott. Kleiner geht es nicht mehr. Also, wenn man in Wenn-dann-Begriffen überhaupt noch darüber sprechen will.

SPITZER: Oder jenseits des Eventhorizonts unseres schwarzen Lochs.

GUNKL: Also, Gott wird immer dort verortet, wo wir noch nichts darüber wissen.

LESCH: Dieser Lückenbüßer-Gott wird tatsächlich bei uns Astronomen noch am ehesten gesucht. Wo ist denn der? Also, ihr wisst es ja noch nicht, dann wäre der ja … Wo wäre er dann? Ja, dann wäre er da oben.

SPITZER: Ist das auch deine Vermutung, dass die Leute, die dich dann fragen, so etwas von dir wissen wollen? Also dass die auch so ein Gottesbild haben?

LESCH: Also nach dem Motto: »Haben Sie Gott schon gefunden?« So wie Chruschtschow damals Gagarin gefragt hat und Gagarin eben gesagt hat: »Herr Generalsekretär, es ist nichts.« Im näheren Erdorbit ist er nicht. Ja, wahrscheinlich war Gott gerade im Kreml und hat sich auf die Schenkel geschlagen, während die beiden sich da irgendwo in Kasachstan oder wo sie damals waren getroffen haben. Das ist ganz schwer zu sagen, aber in der Tat ist die Faszination der Sterne, die Faszination des Universums, ein fast theologisches Thema.

GUNKL: Ich glaube auch, wenn man sagt: »Gott hat alles gemacht und der hat einen Plan«, dann ist die Ordnung, die am gestirnten Himmel erkennbar ist, ein deutlicher Anreiz dafür, Gott zumindest dort in die Nähe zu bringen.

SPITZER: Und deswegen auch die Faszination mit der Ordnung. Also, angefangen bei der Himmelsscheibe von Nebra und all so einem Kram. Das hat die Leute ja schon immer fasziniert, was da alles abgeht.

LESCH: Habt ihr mal die Scheibe von Nebra gesehen? Das ist der Hammer. Also, man steht vor dieser Scheibe und denkt: »Das gibt es doch nicht. Verdammt noch mal.« Und die Deutungen sind ja vielfältig, aber inzwischen hat sich doch so ein Konsensmodell durchgesetzt. Da haben also Leute aufgeschrieben: »Wenn der Mond in der Nähe der Plejaden steht, dann weißt du, wann du sähen musst, damit du weißt: Später kannst du dann auch wieder ernten. Wenn du das nicht tust, gerätst du so aus dem natürlichen Rhythmus heraus, dass du verlieren wirst.« Das war ja praktisch das iPad von damals. Das Astronomische, das ist die Ur-App. Boah, da stehst du und da bist du fertig. Mann, ich kann mich gar nicht mehr beruhigen. Die Scheibe von Nebra ist ja auf einem Berg zusammen mit ein paar Schwertern entdeckt worden. Und zwar von Leuten, die überhaupt keinen Plan davon gehabt haben, und sie dann in einer wirklich abenteuerlichen Geschichte verkauft haben. Und dann ist sie doch letztlich nach Halle in dieses außerordentlich empfehlenswerte Museum für Vor- und Frühgeschichte gekommen. Wenn man da mal in diese Ausstellung geht und sieht, wie Menschen versucht haben, in dieser außerordentlich schwierigen Umgebung zu überleben, lernt man: Das Leben damals war gar nicht so schlimm. Die haben nur drei oder vier Stunden am Tag wirklich gearbeitet.

Den Rest der Zeit hatten die tatsächlich für Soziales zur Verfügung.

SPITZER: Entschuldigung, ganz kurz, wenn man in das Museum reingeht, merkt man auch, dass das ganz gut war mit dem Sozialen, denn da sieht man nämlich Familiengräber, die es in ganz Europa gab und in denen der Vater und die Mutter und die zwei Söhne begraben sind. Und neueste Untersuchungen der Gene dieser Leute, die man heute anstellen kann, sagen: Das sind tatsächlich Vater und Mutter und zwei Söhne. Die waren also sozial ganz kohäsiv und die Kleinfamilie ist keineswegs die Erfindung der Leute, die Sozialwohnungsbau betreiben, sondern die gab es schon vor Tausenden von Jahren und war wahrscheinlich der Urkitt der Gesellschaft. Und dann hatten die natürlich in den Familien einen größeren Zusammenhalt, und das war dann erst mal die größere Gruppe, und dann gab es noch mal größere Gruppen. Und damit die größeren Gruppen existiert haben, da braucht man dann wieder den Gott-Gedanken. Das ging aber nur auf dem Rücken der kleineren stabilen Gruppen. Und die waren damals eben auch schon da, und dafür hatten die eben auch die Zeit gehabt. Entschuldigung, jetzt kannst du.

LESCH: Nein, nein, ich wollte auch das mit den Gräbern erzählen, dass man einfach sieht: Das sind damals keine Verrückten gewesen oder Wilde oder sonst etwas, sondern die sozialen Strukturen waren außerordentlich stabil, waren wohlorganisiert. Das war für das Überleben unter diesen Umständen auch ganz wichtig, und dann kommt man zu dieser Scheibe. Und diese Leute, denen traut man dann eben auch tatsächlich zu, dass Nebra kein Zufall gewesen ist. Ich weiß, wie das ist mit diesen historischen Modellen. Es war ja keiner dabei, wie es immer so schön heißt, und es könnte auch etwas ganz anderes sein. Aber es gibt eine Reihe von Astronomen und Kollegen, die sich mit der Geschichte der Astronomie beschäftigen, die sich jetzt bei der Deutung der Scheibe von Nebra einig sind: Das ist kein Zufall, sondern hier gibt es bestimmte Abteilungen, die man an einer bestimmten Stelle über den Horizont halten muss.

SPITZER: Da, wo der Berg war.

LESCH: Also, man kann ja heutzutage am Computer simulieren – da braucht man kein Frontalhirn dafür, sondern nur ein paar Finger und eine Tastatur –, wie damals der Sternenhimmel ausgesehen hat, und man kann das überprüfen, was auf der Scheibe steht. Und da stellt man fest: Mensch, die haben diese Himmelsscheibe tatsächlich wie so eine Art Himmelskarte benutzt. Das stimmt tatsächlich. Und da muss ich schon sagen: Meine Güte! Und das ist jetzt 3500, 3600 Jahre alt. Donnerlittchen!

SPITZER: Ein Buch über Gott zu machen, das geht eigentlich nicht. Aber zu dritt geht es vielleicht, weil man sich dann über Gott unterhalten und bei sich selbst anfangen und dem anderen etwas mitteilen kann. Das muss man ja sonst nicht, wenn man nur alleine nachdenkt. Und dann kann man über verschiedenste Aspekte reden und sich dadurch auch darüber klar werden, dass das eigentlich in der Gemeinschaft am besten geht. Und dann kommt man vielleicht sogar drauf: Gott ist nicht bei irgendwelchen Gestirnen. Er ist auch nicht in irgendeiner Gehirnwindung. Das darf ich als Gehirnforscher vielleicht sagen, ohne dass mich zu viele schlagen. Wo ist er denn dann? Vielleicht eben genau da: in unserem Miteinander. Und wenn man das dann einfach so sagt, wirkt es furchtbar platt, aber wenn man merkt, wie das passiert, wenn es passiert, dann wird es vielleicht mit Leben gefüllt und vielleicht funktioniert es dann und sogar als Buch.

80 Seiten
8,00 € (D) | 8,30 € (A)
ISBN 978-3-7474-0007-4

Harald Lesch, Friedemann Schrenk

Über die Evolution des Lebens, der Pflanzen und Tiere

Wie entstand eigentlich Leben? Sind wir wirklich »Kinder des Weltalls«, wie es ein bekannter Wissenschaftler einst formulierte? Und wann kamen Pflanzen in die Welt? Wann Tiere? Stimmt es, dass Dinosaurier gar nicht ausgestorben sind? Dieses Buch von den zwei führenden Experten Harald Lesch und Friedemann Schrenk bietet einen unterhaltsamen Überblick über die Entwicklung des Lebens, der Ihnen einen völlig neuen Blick auf unsere Welt eröffnen wird.

Auch als **E-Book** erhältlich

80 Seiten
8,00 € (D) | 8,30 € (A)
ISBN 978-3-7474-0008-1

Harald Lesch

Über Gott, den Urknall und den Anfang des Lebens

Die ewige Suche nach Wissen und vor allem nach den Anfängen allen Seins beschäftigt auch heute noch führende Wissenschaftler und Forscher. Wann bildete sich das Universum und wann die Erde? Wie entstand Leben und warum entwickelte sich Leben überhaupt? Bedurfte es dazu eines Gottes? Diese Fragen und noch viele mehr beantwortet der bekannte Astrophysiker und ZDF-Moderator Harald Lesch eloquent und voller Witz und Charme. Die wunderbaren Illustrationen werden Sie in die Welt der Wissenschaft entführen!

160 Seiten
16,99 € (D) | 17,50 € (A)
ISBN 978-3-7474-0002-9

Manfred Spitzer,
Norbert
Herrschkowitz

**Wie Kinder
denken lernen**

Die kognitive
Entwicklung
vom 1. bis zum
12. Lebensjahr

Vom ersten Wort bis hin zu einer regelrechten
Sprachexplosion vergehen meist nur wenige
Monate. Aber was passiert eigentlich im
Gehirn eines Kindes, das gerade die Welt
entdeckt? Und wie unterscheidet sich ein
10-Jähriger geistig von einem 6-Jährigen?
Der Bestsellerautor und bekannte Psychiater
Manfred Spitzer erklärt gemeinsam mit dem
Kinderarzt Norbert Herschkowitz verständlich
und unterhaltsam, wie Kinder denken lernen.
Vom 1. bis 12. Lebensjahr gehen sie Schritt
für Schritt die Veränderungen des Gehirns
durch und zeigen Eltern, wie sie ihre Kinder
bei der geistigen Entwicklung unterstützen
und fördern können.

mvgverlag